Die Mysterien der Schöpfung

Anmerkung

Das alte aramäische Symbol ☙, das in diesem Buch jeweils auf der ersten Seite eines Kapitels erscheint, ist eine schriftliche Abkürzung des Namens Gottes *yah* für *yahweh*. Nahöstliche, assyrisch-christliche Schriftgelehrte setzen das Wort *yah* gewöhnlich an den Anfang eines heiligen Buches und auf die erste Seite einer heiligen Schrift oder eines Manuskripts.

Dr. Rocco A. Errico

DIE MYSTERIEN DER SCHÖPFUNG

Die Schöpfungsgeschichte der Genesis aus nahöstlicher Sicht

Der Verlag dankt
Frau Mechthild Weber-Bahr,
ohne deren unermüdliche Hilfe diese Ausgabe
nicht entstanden wäre.

Titel der Originalausgabe:
The Mysteries of Creation – The Genesis Story
ISBN 978-0-9631292-3-9
Second Edition 1996
Erschienen bei Noohra Foundation, Irvine, CA, USA
(www.noohra.com)
© 1996 by Dr. Rocco A. Errico

Deutsche Ausgabe:
© 2019 Verlag Hans-Jürgen Maurer
Alle Rechte vorbehalten

Aus dem Amerikanischen von Mechthild Weber-Bahr
Redaktion: Hans-Jürgen Maurer
Korrektorat: Martina Klose

Verlag Hans-Jürgen Maurer
Frankfurt am Main
www.verlaghjmaurer.de

ISBN 978-3-929345-62-9

Danksagung

Ich bin verschiedenen Menschen zutiefst dankbar und möchte ihnen meine Anerkennung aussprechen:

Ms. Jeanne Marie Henigin danke ich besonders für ihre Zeit und Mühe, die es gekostet hat, das Manuskript dieses Buches in den Computer einzugeben sowie für ihre Kommentare und Vorschläge.

Dem Vizepräsidenten der *Noohra-Foundation*, Reverend Richard L. Hill, danke ich für seine konstruktiven Hinweise.

Carol Marshall und Reverend Ann D. Milbourn für ihre kreativen Anmerkungen und ihre Hilfe beim Lektorat.

Ms. Nell Clement, Mrs. Betty Keller, Ms. Linetta Izenman, Richard Boal und allen Mitgliedern der *Noohra-Foundation* danke ich für ihre fortwährende Unterstützung, die dieses Buch ermöglichte.

Die aramäischen Wörter sind im Deutschen so gut wie möglich lautgetreu wiedergegeben. Ausnahme ist das „th", das wie im Englischen ausgesprochen wird.

Inhalt

Einführung 11
Erläuterungen zur Verwendung bestimmter Begriffe 11
Aufbau und Absicht 12

Teil Eins
Die Grundlagen

Kapitel 1: **Ein Überblick** 17
Das Thema der Schöpfung 17
Die Überschrift 18
Hintergrund 19
Die Zahl Sieben 21
Die Bibel und die Tora 22
Die Datierung der Schöpfungsgeschichte 25
Die Autorenschaft 26
Der Schreibstil 28
Der antike Nahe Osten 29
Die babylonische Kosmogonie 30
Zusammenfassung 33

Kapitel 2: **Die Schöpfungsgeschichte** 35
Genesis 1,1 bis 2,3 aus der Aramäischen Peschitta 36
Genesis 1,1 bis 2,3 – Der ostaramäische Peschitta-Text 37
Genesis 1,1 bis 2,3 – Der westaramäische Peschitta-Text 48

Kapitel 3: **Das uranfängliche Geheimnis** 54
Eine Welt des Geheimnisses 56
Wo sind wir? 57
Materie und Substanz 59
Ein sehr alter Glaube 60
Das Geheimnis des Ursprungs Gottes 62

Gott und die menschliche Seele 64
Was ist Gott? 65
Eine Parabel 68
Gott – das Mysterium 70
Konzepte von Gott 71
Der Begriff „Gott" 73
Weitere Aspekte Gottes 74
Was steckt in einem Namen? 75
EHYEH 75
YAHWEH 77
EL SHADDAI 79
JEHOVA – YAHWEH 80
Schlussfolgerung 80

Teil Zwei
Die Schöpfungsgeschichte

Kapitel 4: **Die Mysterien der Schöpfung** **85**
Schöpfung 85
Der Beginn: Genesis 1,1 86
  Der semitische Begriff „erschaffen" *88*
  Kausalität *89*
  Philosophische Kausalität *90*
  Das Universum, in dem sich alles gegenseitig ergänzt *93*
  Gott *94*
  Himmel und Erde *96*
Der Schauplatz: Genesis 1,2 97
  Chaotische Erde *97*
  Der schwebende, teilnahmsvolle Geist *98*
  Finsternis *99*

Kapitel 5: **Der Schöpfungsprozess** **102**
Göttliche Ordnung beginnt: Genesis 1,3-5 102
  Das gebietende Wort *102*

- *Semitisches Denken* 103
- *Licht* 103
- *Heutige Wissenschaft* 104
- *Die biblische Vorstellung von Licht* 104
- *Das literarische Muster* 105
- *Sechs Tage* 106
- *Das Erscheinen des Lichts* 107
- *„Gut" oder „schön"?* 108
- *Dunkelheit kommt ans Licht* 108
- *Licht und Finsternis gleichen einander aus* .. 109
- *Namensgebung – ein kreativer Vorgang* 109
- *Abend und Morgen* 110

Das Firmament: Genesis 1,6-8 110
- *Himmel* 112

Erde und Meer: Genesis 1,9-10 113
Lebendige Erde und lebendige Pflanzen: Genesis 1,11–13 .. 115
Leuchtende Himmelskörper: Genesis 1,14–19 116
Leben in Bewegung – Lebewesen des Wassers
und des Himmels: Genesis 1,20-23 119
- *Seedrachen* 120

Geschöpfe der Erde: Genesis 1,24–25 121
Das Gebet der Irokesen 123

Kapitel 6: **Der Höhepunkt der Schöpfung** **124**
Die Erschaffung der Menschen: Genesis 1,26–27 124
- *Segen oder Trauma?* 124
- *Eine Abweichung* 125
- *Zu wem sprach Gott?* 125
- *Weitere Interpretationen* 126
- *Plural der Beratung* 127
- *Gottes Ebenbild* 128
- *Ganz der Vater* 129
- *Eine menschliche Illustration* 129
- *Unser transzendenter Ursprung* 130
- *Leibliches oder geistiges Ebenbild?* 131

Wissenschaftliche Schlussfolgerungen	132
Das Geheimnis	133
Der Begriff adam	135
Rote Erde	136
Mann und Frau	137
Herrschaft	139
Der Segen: Genesis 1,28	140
Ein unmittelbarer Segen	140
Die Beherrschung der Erde	142
Vegetarische Ernährung: 1,29–30	142
Der Abschluss des sechsten Tags: Genesis 1,31	143
Der abschließende Gedanke	144
Kapitel 7: **Gottes Abschlusstag**	**145**
Der siebte Tag: Genesis 2,1–3	145
Der sechste Tag statt des siebten Tags	146
Der Ruhetag	147
Der Heilige Tag	147
Ein Rückblick auf den Schöpfungsepos	148
Monotheismus und Polytheisimus	149
Menschliche Verantwortung	150
Zusammenfassung	151
Glossar	152
Bibliografie	154
Über den Autor	158

Einführung

Im Dezember 1978 verfasste ich ein Büchlein von zwanzig Seiten über den Schöpfungsbericht, wie er in Kapitel 1 der Genesis zu finden ist. Meine Arbeitsgrundlage war die Aramäische Peschitta-Version des Alten Testaments. Nachdem ich das kleine Buch im Januar 1979 veröffentlicht hatte, wurde ich von der überwältigenden Resonanz, das es hervorrief, überrascht. Eine Unmenge von Briefen erreichte mich, in denen ich um einen gründlicheren, detaillierteren Kommentar zur Schöpfungsgeschichte gebeten wurde. So wurde dieses Buch geschrieben. Ich verfasste es für eine breite Leserschaft, konnte aber auf bestimmte Fachausdrücke nicht verzichten. So möchte ich meinen Aufbau und meine Absicht kurz erläutern.

Erläuterungen zur Verwendung bestimmter Begriffe

Die Bibel beschreibt und versteht den Gott Israels, den *nationalen* Gott YAHWEH, als männliche Gottheit. Deshalb verwende ich in diesem Buch, wenn ich mich auf Gott beziehe, das Personalpronomen „er". Biblische Autoren hatten nicht die Probleme mit der Geschlechterrolle, die wir in unseren heutigen Gesellschaften kennen. Auch ist, wie manche glauben, die biblische Einstellung zur Frau weder negativ noch sexistisch oder herabsetzend. Herabwürdigende Ansichten der Griechen über Frauen tauchten erst allmählich nach der Eroberung Alexanders des Großen 333 v. Chr. (in abgemilderter Form) in der jüdischen Literatur auf. Die hebräische Bibel (das Alte Testament) setzt Frauen nicht herab.

Der Begriff „Mythos" wird häufig abwertend verstanden und mit Wörtern wie *Fantasie, primitiv, unwahr* oder *Aberglauben* gleichgesetzt. Deshalb verwendete ich ihn nur sparsam. Im Allgemeinen hält man einen Mythos für unwahr, für eine erfundene Geschichte. Dies ist bedauerlich, denn eine Vielzahl biblischer Offenbarungen ist mythopoetische Literatur[1].

In diesem Buch benutze ich die Termini „Kosmologie" und „Kosmogonie". Wohlwissend, dass beide Begriffe unterschiedlich definiert werden, unterscheide ich sie nicht. In der „Kosmologie" geht es um den Ursprung und die Entwicklung des Universums und in der „Kosmogonie" um den Ursprung des Sonnensystems.

Für unseren Zweck des Bibelstudiums ist *Kosmogonie* (wörtlich: „die Geburt des Kosmos") eine Erklärung der Entstehung des Kosmos. In einem weiteren Sinn ist *Kosmologie* ein überliefertes Wort, ein „Logion"[2], oder eine überlieferte Geschichte vom Universum als ein verständlicher, sinnvoller Ort. Deshalb verwende ich in den folgenden Kapiteln beide Wörter als austauschbare Begriffe. Die Schöpfungsgeschichte in Genesis, Kapitel 1, ist eine kosmogonische und kosmologische, mythopoetische Erzählung.

Aufbau und Absicht

Im Teil Eins dieses Buches bilden Kapitel 1 bis 3 die Einführung. Kapitel 1 gibt einen Überblick über die Autorenschaft des Schöpfungsepos, den nahöstlichen Hintergrund, wie und wann er geschrieben wurde und was er beabsichtigt.

Kapitel 2 bringt meine Übersetzung des Peschitta-Textes von Genesis, Kapitel 1, Verse 1 bis 31, und Kapitel 2, Verse 1 bis 3. Ich gebe den Text sowohl in den östlichen, aramäischen Estrangela-

---

[1] Was den Begriff „Mythopoetik" anbelangt, siehe Fußnote 29, Seite 34
[2] Ein „Logion" ist im engeren Sinn ein Zitat, das Jesus oder einem Apostel zugeschrieben wird. Das griechische Wort *logia* (Singular), bedeutet „Orakel, göttliche Antwort, Spruch, Äußerung". *Logion* (Plural) meint „Reden" oder „Sprüche". (Anm. d. Übers.)

Einführung

Schriftzeichen als auch in den westlichen aramäischen Konsonanten (für gewöhnlich „Hebräisch" genannt) wieder.

Kapitel 3 ist eine Mischung aus religiöser, biblischer Philosophie, der heutigen Naturwissenschaft (Quantenphysik) und aramäischer beziehungsweise hebräischer Erklärungen des Namens Gottes. Grundlage dieses Kapitels sind die Fragen, die mir während meiner Seminare über die Schöpfungsgeschichte gestellt wurden: „Existiert Gott?", „Gibt es einen Beweis seiner Existenz?", „Was ist Gott?", „Was ist die früheste Darstellung Gottes?" und so weiter – Fragen, die der Autor der Schöpfungsgeschichte nicht stellte, denn seine Welt und seine Art zu denken waren völlig anders als unsere heutige Denkweise.

Teil Zwei, Kapitel 4 bis 7, ist eine Erläuterung der Schöpfungsgeschichte. Kapitel 4 untersucht die Bedeutung der ersten beiden Verse von Genesis 1. Kapitel 5 führt den Leser von Vers 3 bis 25 sukzessiv durch den Schöpfungsprozess. Kapitel 6 lotet den Gedanken „Menschheit" und seine Bedeutung als Ebenbild Gottes aus. Kapitel 7 untersucht Genesis 2,1 bis 3 und fasst die Schöpfungsgeschichte zusammen.

Dieses Buch ist weder ein Vers-für-Vers Kommentar von Genesis 1, noch beabsichtigte ich eine religiös dogmatische Annäherung oder ein christliches beziehungsweise konfessionelles, theologisches Glaubenssystem darzustellen.

Mein Wunsch ist es, mitzuhelfen, vieles aufzuklären, was in der Schöpfungsgeschichte möglicherweise bis heute falsch verstanden wird. Keineswegs möchte ich jemanden zu einer bestimmten Sichtweise zwingen, überreden oder bekehren. Ich präsentiere das Material einer jahrelangen Erforschung des nahöstlichen Denkens und der nahöstlich semitischen Sprachen der Bibel, das noch immer einen großen Einfluss auf unsere westliche Gesellschaft hat.

Möge Ihre Reise in die Mysterien der Schöpfung eine inspirierende, ermutigende und sinnstiftende sein.

Teil Eins

Die Grundlagen

Genesis beabsichtigt nicht, den Menschen des 20. Jahrhundert Astronomie, Geologie und Biologie zu lehren, überlasst dies den Astrophysikern und Biogenetikern.

Robert Gordis, amerikanischer Rabbi
(1908–1992)

Kapitel 1

Ein Überblick

Das Thema der Schöpfung

Die hebräische Schöpfungsgeschichte in Genesis 1,1 bis 2,3[1] ist ein Meisterstück poetischer Prosa. Sie ist eine literarische Darstellung und keine wörtlich zu nehmende Beschreibung der Schöpfung. Der semitische Autor schrieb eine poetische, bewegende Szene über den Schöpfer, die Himmel, die Erde und alle fühlenden Wesen. Diese Schöpfungsgeschichte stellt dem Leser zwei grundlegende Erkenntnisse vor:
1. Hinter der materiellen Erscheinung des Universums gibt es eine geistige Intelligenz, *Elohim*[2], und
2. die ganze Schöpfung repräsentiert das schöpferische Handeln *Elohims*.

Zu Beginn verkündet der Autor das primäre Ziel der Schöpfung: „Am Anfang schuf Gott Himmel und Erde." Das wiederholt er

---

[1] Viele Theologen sind der Meinung, der Schöpfungsbericht ende in Kapitel 2 mit Vers 4a. Andere dagegen glauben, Genesis 2,4a sei eine Überleitung, die nicht zu der kosmogonischen Erzählung gehöre.

[2] Die hebräische Bezeichnung für „Gott" oder eine „Gottheit" ist *Elohim*. Siehe Kapitel 4 unter der Überschrift „Gott", Seite 94. Im Aramäischen ist es *Alaha*. Beide Sprachen kennen keine Großschreibung.

in kurzen und prägnanten Sätzen: „Und Gott rief", „Gott schied" „Gott nannte",, „Gott machte", „Gott segnete", „Gott ruhte". *Elohim* steht über und hinter aller Materie; Er ist der Schöpfer des Universums, das transzendente Sein und der Herr über Raum und Zeit.

Der Poet unterbreitet dem Leser in ehrfürchtiger Art und Weise das Mysterium der Schöpfung und keine Erklärung des Kosmos. In der Essenz sagt er: „Hier ist eine schöpferische Intelligenz am Werk. Hier findet sich eine Vorstellung über den Ursprung eures lebensfähigen Kosmos, eures Planeten, genannt Erde, und allen Lebens."

Im biblischen Kontext ist Genesis 1,1 bis 23 der Ausgangsstoff des Genesisthemas: Gottes Beteiligtsein an und seine Beziehung zu der Geschichte der Menschheit, insbesondere zu Israel. Die ersten elf Kapitel dienen als Prolog[3] der Erzählungen über die Patriarchen, die mit dem 12. Kapitel beginnen.

DIE ÜBERSCHRIFT

Breschieth, „Am Anfang", ist die hebräische Überschrift der Genesis. Mit diesem Wort beginnt das Buch Genesis (und mit ihm die dramatische Schöpfungsdichtung).

Im antiken Nahen Osten war es allgemein üblich, für ein Manuskript – eine Schriftrolle oder ein Buch – das einleitende Wort oder den einleitenden Satz als Überschrift zu wählen.

Die Peschitta-Version[4] der hebräischen Bibel verwendet als

---

[3] Auf Genesis 1–11 wird gewöhnlich als „Urhistorie" Bezug genommen. Doch das Wort „Historie" kann hier irreführend sein. Zu bevorzugen wäre „Urzyklus".

[4] Die Aramäische Peschitta ist für die Aramäisch sprechenden Christen der offizielle Bibeltext. Im Nahen Osten und in Indien verehren die Assyrer und die Chaldäer, die Katholiken und die Nicht-Katholiken die Peschitta. Ihre Ursprünglichkeit, Echtheit und Autorität wird von allen alten Kir-

1 • Ein Überblick

Titel *brietha* – „die Schöpfung" statt *breschieth,* „am Anfang". Für uns ist „Genesis" der gebräuchliche Name für das 1. Buch Mose.

Genesis, „Ursprung", stammt aus der griechischen Übersetzung von Genesis 2,4a, in der es heißt: „Dies ist das Buch vom Ursprung [*geneseos*] von Himmel und Erde." Der Kodex Alexandrinus (5. Jahrhundert n. Chr.), heute im Britischen Museum, trägt den Titel „Die Genesis des Kosmos". Die Genesis unterrichtet den Leser über die Ursprünge: den Ursprung des Universums, den der Menschheit, den Israels, und Israels Beziehung zu Gott.

HINTERGRUND

Aus der literarisch-kritischen Forschung zum AT wissen wir, dass lange vor der Niederschrift der Genesis innerhalb wie außerhalb Israels Schöpfungsepen existierten. Beispielsweise enthalten Ijob 38, 4 bis 7 und Jesaja 40,12 Reste jener Epen beziehungsweise Hinweise auf sie.

Es gibt auch zahlreiche Textstellen, die auf eine gemeinsame urzeitliche Überlieferung hinweisen, in der Gott chaotische Wasserfluten zu zähmen hatte.[5] Aramäische Namen für diese mythenumwobenen Mächte und Kreaturen sind *yama,* Meer; *nahra,* Fluss; *leviathan,* der Gewundene, das Ungeheuer; *tanniena,* Drache.

---

chen des Ostens hochgehalten. *Peschitta* bedeutet „einfach, rein, das Original" oder, auf den Text angewendet, „anerkannt". Als Partizip bedeutet *peschitta* „ausgebreitet, nicht umständlich, einfach, nicht doppeldeutig", oder, wieder direkt auf den Text bezogen, „klar, direkt und leicht zu verstehen". Die Peschitta ist eine direkte Übertragung aus dem Hebräischen. Vermutlich wurde ein Buch nach dem anderen vom Beginn des 1. Jahrhunderts bis ins 3. Jahrhundert n. Chr. sowohl von Juden als auch von Christen übersetzt. Die Zeit, der Ort und die Autorenschaft sind reine Vermutungen. Für eine weiterführende Erläuterung siehe das Glossar auf Seite 153f.

[5] Bernard F. Batto, *Slaying the Dragon: Mythmaking in the Biblical Tradition;* siehe Bibliografie

Biblische Poeten, Propheten und Erzähler schrieben über diese sagenhaften Wesen in anspruchsvollem poetischem und metaphorischem Stil.[6] Für den Autor des Schöpfungsberichtes sind diese Mächte jedoch von Gott erschaffene Naturkräfte.

Die Altertumsforschung des Nahen Ostens sowie die Erforschung seiner Sprachen und seiner reichen Literatur brachte uns innerhalb des letzten Jahrhunderts ein klareres Verständnis der Schöpfungsgeschichte,[7] erweiterte unsere Kenntnis maßgeblicher kosmologischer Vorstellungen und Motive jener Zeit und ließ uns semitische Redewendungen und Symbole besser verstehen.

Am besten wird dieses Genre der Schöpfungsliteratur verstanden, wenn man den frühen mesopotamischen Hintergrund, in dem es entstand, berücksichtigt. Wenn wir jedoch darauf bestehen, die biblische Schöpfungsdichtung wörtlich zu nehmen, entstellen wir ihre tiefgreifende Botschaft. Die Redewendungen und Symbole, die dieser Text enthält, stehen für Ideen und für eine sinnstiftende Interpretation unserer Welt. Noch einmal: Interpretieren wir diese Metaphern und Symbole als Realität, legen wir die Absicht der Schöpfungsgeschichte falsch aus. Ein Beispiel: Es gibt sechs Schöpfungstage und einen Ruhetag, was zusammen sieben Tage ergibt. Die Zahl Sieben wird vom Autor als Symbol verwendet, sie steht für Vollendung, Vollkommenheit und Erfüllung. Viele Menschen tun der Schöpfungsgeschichte unrecht, weil sie die sieben Tage wörtlich nehmen. Dass dies zum Problem für die Intellektuellen unserer Zeit werden würde, ahnte der biblische Erzähler nicht.

---

[6] Psalm 74,12–17 und Jesaja 51,9–11. Siehe auch Jon D. Levenson, *Creation and the Persistence of Evil: The Jewish Drama of Divine Omnipotence*

[7] Siehe James B. Pritchard, Hrsg., *Ancient Near Eastern Texts: Relating to the Old Testament*, 3., ergänzte Auflage

Die Zahl Sieben[8]

Bei den Semiten haben alle Zahlen eine Bedeutung, die über ihren numerischen Wert hinausgeht. Für sie ist die Sieben die heiligste Zahl und Teil ihres Alltags, ihrer Sitten und Bräuche. So war es zum Beispiel eine alte östliche Sitte, dass bei einer Ratsversammlung rechts und links vom König je drei Minister saßen. Sechs Minister und der König als Siebenter ergaben ein „Quorum", eine beschlussfähige Mehrheit.

Von der heiligen Zahl Sieben machten die biblischen Autoren versteckt und offen fleißig Gebrauch. In Genesis 1,1 finden wir sie wieder und wieder. Im semitischen Original besteht der erste Vers aus sieben Wörtern und der zweite aus vierzehn (2 x 7) Wörtern. Die Geschichte beinhaltet sieben literarische Einheiten, bestehend aus sechs Schöpfungstagen und dem Abschlusstag, an dem Gott ruhte.

Der akribische Wissenschaftler Umberto Cassuto befasste sich eingehend mit der Urgeschichte und belegte, dass die Zahl Sieben nur schwerlich auf die Tage der Schöpfung begrenzt werden kann. Die tragenden Substantive in Genesis 1 sind „Gott", „Himmel" und „Erde" und kommen jeweils mit sieben multipliziert vor. „Gott" wird fünfunddreißigmal (5 x 7), „Himmel" und „Erde" werden jeweils einundzwanzigmal (3 x 7) genannt. Seine Untersuchung ist so gründlich, dass ich hier nur ein paar Beispiele des sogenannten heptadischen[9] Prinzips erwähnen möchte. „Wasser" kommt im zweiten und dritten Abschnitt (Tag) siebenmal vor, und die Wendung „dass es schön war" (Bedeutung im Hebräischen: „dass es *gut* war") innerhalb des ganzen Textes ebenfalls siebenmal. Der Abschnitt, der vom siebten Tag berichtet, besteht

---

[8] Siehe Errico, *Es werde Licht,* „Die Zahl Sieben", Seite 18 (Anm. d. Übers.)
[9] Griechisch *heptá* bedeutet „sieben" (Anm. d. Übers.)

aus fünfunddreißig (5 x 7) Wörtern, von denen einundzwanzig Wörter drei Sätze von sieben Wörtern bilden, und in jedem Satz finden wir die Wendung „der siebte Tag".[10]

Ein weiteres Beispiel ist die Offenbarung des Johannes, das letzte Buch des Neuen Testaments. Sein literarischer Aufbau beruht auf dem heptadischen Prinzip. Die Offenbarung enthält sieben Visionen und jede ist in sieben Teile gegliedert. Es gibt sieben Kirchen, Engel (Boten), Ermahnungen, Leuchter, Siegel, Trompeten, Kugeln und so weiter.

Einige Forscher sind der Meinung, die Übernahme der Zahl Sieben habe ihren Ursprung in der Astronomie. Im Altertum kannte man sieben Himmelskörper: Sonne, Mond, Merkur, Venus, Mars, Jupiter und Saturn. Der jüdische wie der muslimische Kalender beruhen auf sieben Mondphasen. Die Monate haben 28 Tage und sieben ist ein Viertel davon.

Ich fasse zusammen: Die Sieben steht für den Plan, die Absicht, das Ziel, für Ganzheit und Vollkommenheit. In der Literatur der Mesopotamier war die Heptade ein allgemeines literarisches Prinzip.

Die Bibel und die Tora

In den alten semitischen Sprachen Aramäisch und Hebräisch gab es das Wort „Bibel" nicht. „Bibel" kommt von dem griechischen *biblia*[11], „Bücher". Die originale, anschauliche Bezeichnung für die Bibel war „die Schriften" oder „die Schriftstücke". Als das

---

[10] Weitere Beispiele für für den Verfasser typische Anwendung der Zahl Sieben finden sich in Umberto Cassuto, *Commentary on the Book of Genesis, Part One: From Adam to Noah*, Seite 12–15.

[11] Griechisch *biblion* bedeutet „Büchlein, kleine Schrift, Brief", Verkleinerungsform von *biblios* (ägyptisches Lehnwort: *byblos*), das das Bast der ägyptischen Papyrusstaude bezeichnet und dann das daraus hergestellte Papier, die Schrift, der Brief, das Buch. (Anm. d. Übers.)

1 • Ein Überblick

griechische Wort für „Heilige Schrift" (*hagia grafae*) ins Lateinische übersetzt wurde, übernahm man das griechische *biblia*, um eine Sammlung von Büchern oder eine Bibliothek zu benennen.

Die Schöpfungsgeschichte ist Teil der *Tora*. Gewöhnlich wird *Tora* mit „Gesetz" übersetzt. *Tora* bedeutet aber sehr viel mehr als nur „Gesetz". Die Griechen übersetzten *tora* mit *nomos*, was streng genommen „Gesetz" bedeutet. Die Gesetze Mose werden jedoch in den Büchern Exodus, Levitikus, Numeri und Deuteronomium ausführlich aufgeführt und ausgelegt. Das griechische Wort *nomos* verfehlt also die Tiefe der Bedeutung des hebräischen Wortes *tora*.

Die *Tora* – „Weisungen, Belehrungen, Gebote" – ist der erste Teil des *Tanach,* der hebräischen Bibel, die aus den fünf Büchern (griechisch *Pentateuch*) – Genesis bis Deuteronomium – besteht. *Tanach* beziehungsweise *TNKH* – ein Initialwort – bezeichnet die drei Abteilungen der Hebräischen Schriften: **Tora** (Genesis – Deuteronomium), **Nevi'im** (Propheten) und **Kithuvim** (Schriften).

Im Aramäischen, der im 1. Jahrhundert n. Chr. vorherrschenden Sprache Palästinas, nennt man die hebräische Heilige Schrift *oreytha*, „Unterweisung, Aufklärung". Dieser Begriff ist gleichbedeutend mit *Tora*. Beide Wörter stammen von der semitischen Wurzel *yrh* und bedeuten „führen, leiten, unterweisen, informieren". Die Heilige Schrift will die Menschheit durch Führung, Leitung und Unterweisung aufklären. Sie enthält Aufzeichnungen des hebräischen Gesetzes, sakraler geschichtlicher Vergangenheit und berichtet von menschlichen Dramen. Sie steckt voller Poesie, Psychologie und Religion.

Man kann die Heilige Schrift aber auch noch aus einer anderen Perspektive betrachten.

Sie offenbart spirituelle Prinzipien, die wir durch unsere geistige Fähigkeit des „Mind"[12], das heißt des höheren Bewusstseins oder der größeren Bewusstheit, wahrnehmen und verstehen.

---

[12] Das englische *mind* hat im Deutschen kein Äquivalent. Es kann u. a. mit „Geist, Denkvermögen, Gemüt, Verstand" übersetzt werden. (Anm d. Übers.)

Sie enthüllt immaterielle, geistige Dinge, die das Herz der Leser berühren und zu ihm sprechen. So gesehen ist die Bibel das Licht der Seele, eine metaphysische Geschichte des sich selbst übersteigenden Bewusstseins – ein historisches Geschehen, das vom ständigen Aufstieg des Bewusstseins spricht, des Übersteigens des Kulturkreises und Milieus, von schwierigen Situationen, beschwerlichen Vorkommnissen und selbst auferlegten Begrenzungen. Sie spricht von einem Volk, das Ungewöhnlichem bar jeder Normalität begegnete.

Ursprünglich gab es nur die mündliche Überlieferung. Die hebräische Religion und Tradition war Angelegenheit der Stämme und wahrscheinlich wurden alle religiösen und den Stamm betreffenden Geschichten in einer besonderen Umgebung erzählt und gelehrt – eine Atmosphäre, die innerhalb des Familienkreises oder durch die Ältesten des Stammes geschaffen wurde. Stellen wir uns also vor, wie in ihren Zelten oder am Lagerfeuer unter dem sternenfunkelnden Firmament die Väter den Söhnen und die Mütter ihren Töchtern die biblischen Geschichten erzählten und so die überlieferten Lehren und Gebote weitergaben. Noch in neutestamentlicher Zeit war im semitischen Palästina viel von der mündlichen Tradition und Kultur erhalten geblieben.

Der Prophet Jeremia sagte den Tag voraus, an dem der Herr (*Yahweh*) die *Tora* nicht nur auf Tontafeln, sondern direkt in die Herzen der Menschen schreiben würde. „Das wird der Bund sein, den ich nach diesen Tagen mit der Familie Israel schließen werde, spricht der Herr: Ich will meine *Tora* mitten unter sie geben und sie in ihre Herzen schreiben; ich will ihr Gott sein, und sie sollen mein Volk sein."[13]

---

[13] Jeremia 31,33, aus dem Aramäischen Peschitta-Text, Übersetzung: Er-

1 • Ein Überblick

DIE DATIERUNG DER SCHÖPFUNGSGESCHICHTE

Wann wurde der hebräische Schöpfungsbericht zusammengestellt und unter welchen Umständen wurde er verfasst? Ist es möglich, die Umstände zu erkennen, die den Autor der Schöpfungsgeschichte beeinflusst haben?

Bibelexperten datieren die Schöpfungserzählung um das 6. Jahrhundert v. Chr.[14] und glauben, dass er für die Juden im chaldäischen (babylonischen) Exil verfasst wurde, damit diese erfahren, dass die chadäischen Götter noch keinen Sieg über den Gott Israels und sein Volk errungen hatten. Die mächtige Gottheit der Israeliten war nicht nur ihr eigener Gott, sondern er allein war auch der Schöpfer. Keine anderen Gottheiten waren dabei, als *Elohim* Himmel und Erde erschuf. Und es gab auch keine Gottheiten in den Dingen, die Gott erschaffen hatte. Genesis 1 stellt klar, dass der Himmel keine weiteren Gottheiten beherbergt. Alles, was bei der Schöpfung geschah, war Gottes eigener schöpferischer Akt. Er war der alleinige Souverän über alles.

Was immer der historische Hintergrund der Schöpfungsgeschichte gewesen sein mag, ich werde in diesem Buch nicht darauf eingehen. Meine Absicht ist es, dem modernen Leser der

---

[14] Es ist wichtig anzumerken, dass verschiedene Wissenschaftler mit dieser späten Datierung der Genesis-Kosmogonie nicht einverstanden sind. Sie stellen auch eine späte Datierung der Priesterschriften in der Tora infrage. Mehr noch, andere sagen, sogar Genesis 1–2,3 sei während des Exils geschrieben worden und stamme aus einer noch früheren Zeit der Geschichte Israels.
Siehe Gerhard von Rad, *Theologie des Alten Testaments*, 2 Bde.; hier: Bd. 1, 1961, Seite 149–167. Die hebräische Heilige Schrift wurde innerhalb eines Zeitraums von tausend Jahren geschrieben und geformt, das älteste Gedicht wahrscheinlich um 1200–1000 v. Chr. verfasst und der heutige *Kanon* der Bibel rund um die Zeit der Eroberungszüge Alexanders des Großen zusammengestellt. *Kohelet* und *Das Hohelied* wurden dem Kanon zuletzt hinzugefügt.

Schöpfungsgeschichte grundlegende Einsichten und Verständnis für den zu vermitteln, und ich werde dafür nur auf wenige notwendige historische Fakten zurückgreifen. Auch möchte ich meine Leser mit der sehr alten Gedankenwelt der Semiten vertraut machen.

Die Autorenschaft

In der zweiten Hälfte des 19. Jahrhunderts entwickelte die deutsche historisch-kritische Forschung des Alten Testament die These, dass die ersten fünf Bücher der Bibel (Genesis, Exodus, Levitikus, Numeri und Deuteronomium) vier verschiedene Überlieferungen zur Grundlage haben:

„J" – Jahwist; „E" – Elohis"; „P" – Priesterschrift und „D", den Autor des Deuteronomiums. Dann gibt es noch „R", den Redaktor. Demnach sind die Quellen der Genesis: „J", „E", und „P" sowie die letzte Hand des Redaktors.

Diese These ist als die „Urkundenhypothese" oder „Quellenhypothese" bekannt und war seit 1875 die vorherrschende Meinung unter den Alttestamentlern. Sie veränderte radikal die bisherige Interpretationspraxis der Bibel, die nunmehr nicht nur als das offenbarte Wort Gottes wahrgenommen wurde, sondern auch als ein historisch gewachsenes Buch.

Zu Beginn des 20. Jahrhunderts wurde aber auch die Ur-

---

[15] Von Wissenschaftlern wie Benno Jacob, Umberto Cassuto, Yehezkel Kaufmann, J. Dahse, W. Moller (dem später P. Volz und W. Rudolph folgten). Einen Überblick über die Diskussion der „Urkundenhypothese" bis zum Beginn der 1970er-Jahre ist zu finden in C. Westermann, *Genesis 1–11*, 2 Bde., Neukirchner Studienausgabe Sept. 1999; darin: „Die Forschung am Pentateuch", Bd. II Seite,754–806: „Zur Revision der Urkundenhypothese", Seite 762; „Zur Kritik der Quellenscheidung", Seite 764. Auch: Joseph Bleckinsopp, *The Pentateuch*, Seiten 1 bis 30: „Two Centuries of Pentateuchal Scholarship".

kundentheorie vehement infrage gestellt.[15] Die Argumente hierfür warfen die Befürworter selbst auf.[16] Es gibt mindestens sieben grundlegende Einwände. Ein wesentlicher ist, die Forschung der Wissenschaftler beruhe sowohl auf einem falschen Verständnis der klassischen hebräischen Sprache als auch auf der ungenügenden Kenntnis des alten semitischen Denkens, so dass man keine sorgfältige und zutreffende Hypothese aufstellen könne.

Die Urkundentheorie schreibt Genesis 1,1 bis 2,4a mutmaßlich „P", der Priesterschrift (ca. nach 520 v. Chr.), zu. Gleichwohl verfechten andere Wissenschaftler die These, nur ein Autor habe die Genesis geschrieben.[17] Darüber hinaus gibt es jene Bibelforscher, die die Ansicht vertreten, 1. die Grundlage bildende Überlieferung des Pentateuch gehe auf Moses zurück und 2. er habe die Gesetze während der Wüstenwanderung für sein Volk aufgeschrieben. Wer auch immer der Autor gewesen sein mag, alle biblischen Schriften wurden von hebräischen Schreibern editiert, bevor sie als heiliger Kanon allgemein anerkannt wurden.

Da mein Anliegen keine historisch-kritische Analyse der Genesis ist, werde ich auf die Frage der Autorenschaft nicht weiter eingehen.[18] Meine Absicht ist es, einige historische Tatsachen, Forschungsergebnisse und Stellungnahmen aufzuzeigen, die das Verständnis der Schöpfungsgeschichte vertiefen und mögliche

---

[16] Siehe U. Cassuto, *The Documentary Hypothesis: Eight Lectures;* siehe Bibliografie

[17] Eine sehr interessante Theorie und wissenschaftliche Arbeit, die nur einen Autor annimmt, findet sich in Yehuda T. Radday und Haime Shore, *Genesis: An Autorship Study.*

[18] Ich vermute, dass die Schöpfungsgeschichte die Arbeit eines priesterlichen Propheten (wie zum Beispiel Hesekiel) war. Dieser rezipierte alte, weitverbreitete, frühere israelitische Schöpfungsdichtungen und formulierte sie neu.

Missverständnisse aufklären.

DER SCHREIBSTIL

Das erste Kapitel des Schöpfungsepos hat eine für den Nahen Osten typische literarische Form.[19] Es ist nüchtern, kurz und bündig dargestellt, voller symbolischer wie fantasievoller Zwischentöne. Dies ist für das dichterische Herz und die poetische Seele des Nahen Ostens die natürlich Art zu schreiben. Satzwiederholungen haben einen rhythmischen Duktus und schildern inmitten des Chaos einen dramatischen Hintergrund göttlicher Ordnung. Der Schöpfungsprozess gipfelt in der Menschheit und endet mit der Schönheit und der Ruhe alles Erschaffenen. Der Erzähler sagt, dass Gott eine tiefe Befriedigung empfand, als seine tatkräftigen und schöpferischen Werke vollendet waren. Er schuf eine universale Ordnung durch kreative Befehle und gegenseitigen Ausgleich (Tag/Nacht, Land/Meer etc.). „Gott schied das Licht von der Finsternis." Er schuf ein Firmament, „die Wasser von den Wassern zu scheiden", und sammelte die Wasser „an einer Stelle". *Elohim* schuf Lichter am Himmel, um den Tag von der Nacht zu trennen. Diese Lichter waren Zeichen für „Zeiten, Tage und Jahre". Beim Lesen dieses Berichtes gewinnt man den Eindruck, dass, als Gott sein Werk vollendet hatte, überall eine kosmische Zufriedenheit gegenwärtig war. In Genesis 1,31 heißt es: „Gott betrachtete alles,

---

[19] AT-Wissenschaftler nehmen an, dass die Sprache und der Stil biblischer Dichtung die Tradition des alten Kanaan fortführten. Siehe M. P. O Connor, *Hebrew Verse Structure,* und Adele Berlin, *The Dynamics of Biblical Parallelism.* Ergänzung d. Übers.: Der „Parallelismus" ist eine Stilfigur und ein Stilmittel, das in poetischen Texten des AT häufig vorkommt. Zwei aufeinanderfolgende Satzarten oder Teilsätze haben die gleiche Folge ihrer Satzglieder. Siehe Shimon Bar-Efrat, *Wie die Bibel erzählt. Alttestamentliche Texte als literarische Kunstwerke verstehen,* Gütersloh 2006

[20] Genesis 1,31, Aramäische Peschitta, Übersetzung: Errico. Die komplette Übersetzung von Genesis 1,1 bis 2,3 siehe Kapitel 2, Seite 36 ff.

was er geschaffen hatte, und siehe, es war überaus schön. Jetzt war es Abend, dann war es Morgen, Tag sechs."[20]

Der nahöstliche Poet, der die Schöpfungsgeschichte niederschrieb, muss ein empfindsamer Mensch gewesen sein, der aus der Sicht seiner Seele schrieb. Er sah und fühlte die Lebendigkeit der Erde, die Heiligkeit der menschlichen Familie und aller Lebewesen. Um dieses Empfinden zu vermitteln, benutzte er als Stilmittel die Poesie.

DER ANTIKE NAHE OSTEN

Der Bibelleser kann die biblische Kosmogonie, die Vorstellung und die Absicht des Autors erst dann verstehen, wenn er in die nahöstliche Atmosphäre und in die Welt des Erzählers eingetaucht ist. Gleichzeitig sollte er an diesen sehr alten Text weder mit unserer heutigen wissenschaftlichen Art zu rationalisieren herangehen, noch mit einer individuell ausgeprägten Glaubensvorstellung auf ihn einwirken. Auch sollten wir in dem Text nicht nach einem Beweis für die Existenz Gottes suchen. Der biblische Autor war nicht an empirischen Daten interessiert, die die Existenz Gottes beweisen, da er diese gar nicht erst infrage stellt. Israel und alle Völker des Nahen Ostens glaubten, dass ein Gott, Götter oder Göttinnen ihre Welt und alle Lebewesen hervorgebracht hatten. Der Alttestamentler Claus Westermann schreibt:

Ein Daseins- oder Weltverständnis, das nicht auf dem Geschaffensein von Welt und Mensch beruhte, war hier noch nicht vollziehbar. Deswegen dürfen wir, wenn wir das Reden von Schöpfer und Schöpfung im Alten Testament verstehen wollen, dieses Reden nicht ohne Weiteres einem Glaubensbegriff zu- und unterordnen, der eine solche Ent-

---

[21] Claus Westermann, BK *Genesis 1–11*, 2 Bd, Neukirchener Verlag 1999, 4. Aufl., Seite 59

scheidung voraussetzt.[21]

Der Autor schildert den Schöpfungsvorgang mit den zu jener Zeit bekannten kosmologischen Begriffen und Motiven. Er sagt, Gott sprach ein befehlendes prophetisches Wort, „und so geschah es". Die Menschen jener Zeit glaubten, dass die Erschaffung der Götter, Göttinnen und der Welt sich auf mindestens eine der vier Hauptarten ereignete: 1. durch Geburt (sexuelle Aktivität), 2. durch das gesprochene Wort, 3. durch Kampf oder 4. durch Erzeugen und Formen.[22] Die Erschaffung durch das Wort war ein uraltes Stilmittel, um den Prozess der Schöpfung zu beschreiben. Das beinhaltet aber keineswegs, dass die Komposition der Schöpfungsgeschichte der *Tora* notwendigerweise von anderen alten kosmogonischen Texten, zum Beispiel der Ägypter, Chaldäer oder Kanaaniter, abhängig war.

Der Verfasser offenbart seine eigene geistige Erkenntnis über die Schöpfung, die auf sehr alten orientalischen Motiven beruhte. Der Text fordert den Leser auf, sich dem Geist und der Vorstellung des Erzählers anzuschließen. Um die Schöpfungsgeschichte klarer erfassen zu können, ist es erforderlich, Verständnis für das semitische intellektuelle Temperament des Autors und einen umfassenden Einblick in seine kulturell-religiöse Welt zu haben.

Eine derartige Vergegenwärtigung wird den Leser jenseits der Worte und der symbolischen Beschreibungen zu einem reicheren und tieferen Verständnis des Textes führen.

DIE BABYLONISCHE KOSMOGONIE

Biblische Historiker sind der Meinung, Teile des Schöpfungsberichtes

---

[22] Dies soll keine umfassende Erklärung für kosmogonische Anbeginne sein. Die mythischen Epen unterscheiden sich erheblich voneinander. Siehe auch C. Westermann, a. a. O., Seite 26–65

basierten auf den alten kosmologischen Traditionen der Sumerer, Assyrer, Chaldäer, Ägypter und insbesondere der altbabylonischen Kosmogonie, des *En ma Eliš*, „Als oben". Es beginnt mit „Als oben der Himmel noch nicht genannt war ..." Nach einem umfassenden Studium dieser mesopotamischen Version des kosmischen Ursprungs sprechen Alttestamentler nicht nur von einer auffälligen Ähnlichkeit zwischen dem *En ma Eliš* und dem hebräischen Schöpfungsbericht, sondern auch von einer Identität der Reihenfolge der Ereignisse. Diese Tatsache halten sie für nicht rein zufällig, sondern für höchst bedeutsam. Hier ein Vergleich der beiden Texte.

GENESIS	**EN MA ELIŠ**
1. Chaos; Finsternis bedeckt die Tiefe	1. urzeitliches Chaos; Ti amat (das Meer) umgeben von Finsternis
2. Licht ward	2. Licht von den Göttern
3. Erschaffung des Firmaments	3. Firmament
4. Erschaffung des trockenen Landes	4. trockenes Land
5. Erschaffung der Himmelskörper	5. Himmelskörper
6. Erschaffung des Menschen	6. Mensch
7. Gott ruht und segnet die sieben Tage	7. Die Götter ruhen und sind fröhlich.[23]

Andere Wissenschaftler sind der Meinung, der biblische Verfasser spiegele die bekannten und gängigen kosmologischen Vorstellungen[24] und das Wissen seiner Zeit wider. Das heißt, der Autors des Schöpfungsberichts stützte sich nicht auf eine der nichtisraelitischen Kosmologien, sondern auf frühere israelitische Schöpfungsdichtungen. Wieder andere meinen, die Schöpfungs-

---

[23] E. A. Speiser, *Genesis: A New Translation with Introduction and Commentary*, Seite 9–10

[24] Siehe Kapitel 1, „Der antike Nahe Osten", Seite 29 f.

geschichte der Genesis sei eine Polemik gegen die Götter und Überzeugungen jener Epoche.

Aber auch wenn der biblische Verfasser Vorstellungen aus anderen antiken nahöstlichen Traditionen entlehnte, beruhten seine Schriften dennoch auf seinem hebräischen Hintergrund. Einige seiner Schlussfolgerungen unterschieden sich von jenen nichtisraelitischer Texte. Zum Beispiel sieht er die gesamte Schöpfung mit ihren dynamischen Energien nicht als Gottheiten an, sondern als Kräfte, die durch und unter der Herrschaft von *Elohim* erschaffen worden sind. Während die meisten anderen nahöstlichen Schöpfungsberichte vom Ursprung der Götter und Göttinnen erzählen[25], berichtet der Schöpfungsbericht der *Tora* nichts über den Ursprung des Schöpfers, des einen Gottes *Elohim*. Es gibt eine Reihe von Unterschieden zwischen den hebräischen Traditionen und den vorherrschenden Mythen jener Zeit. Andererseits gibt es auch ebenso viele Ähnlichkeiten und Parallelen.[26]

Viele frühe kosmogonische Mythen stellten die Menschheit als Ebenbild ihrer Götter dar.[27]

Es ist eine akzeptierte und gut begründete wissenschaftliche Annahme, dass der biblische Gedanke, der Mensch sei „nach dem Ebenbild Gottes" erschaffen, aus der sumerischen Überlieferung stammt, auch wenn der biblische Hintergrund sich vom sumerischen Kontext unterscheidet und nur das Motiv das gleiche ist.

Der Schöpfungsbericht stellt den Menschen als Ebenbild Got-

---

[25] Jeder Bericht und jede Erzählung über den Ursprung der Götter wird als „Theogonie" bezeichnet.

[26] Mein Fokus ist nicht eine vergleichende Analyse biblischer Texte mit außerbiblischen Traditionen gerichtet. Ich verweise auf die Bibliografie am Ende dieses Buches.

[27] Siehe Westermann, a. a. O., Seite, 48–52 „Das Formen des Menschen"

tes dar. Das bedeutet, die Menschen sind Gottes Kinder. Diese Verwandtschaft ist entscheidend – welch wunderbare Konsequenz! Die Menschheit hat es dringend nötig, die Tiefe dieser Aussage zu verstehen. Wollte doch die menschliche Familie sie nur verwirklichen!

Eine grundlegende biblische Wahrheit ist, dass alle Völker eine Wurzel haben. Mit anderen Worten: Eine geistige, transzendente, ethnische Wurzel eint die Menschheit. Demnach können wir mit den geistigen Kräften, die jedem Individuum innewohnen, interagieren. Alle Menschen müssen, ungeachtet ihrer Geburt oder Herkunft, mit Respekt behandelt werden. Die Weisen wussten, den geistigen Ursprung zu kennen würde die soziale Harmonie unterstützen. Sie wussten auch, dass kein Mensch eine besondere Abstammung als Vorwand für die Überlegenheit anderen gegenüber geltend machen kann.

Bis zum heutigen Tag glauben die Menschen des Nahen Ostens, dass jedes Neugeborene ein Nachkomme Gottes ist, das heißt, das Leben Gottes pflanzt sich im Leben eines Menschen fort. Im wiederholten Erzählen der Schöpfungsgeschichte könnte der Einzelne einen Sinn für sein Leben finden, doch nicht nur für sein individuelles Leben, sondern auch für die Existenz des ganzen Kosmos und aller Völker der Erde.

ZUSAMMENFASSUNG

Unsere wissenschaftlichen Erkenntnisse über das Universum könnten den biblischen Schöpfungsbericht (Genesis 2–2,3) als eine schlichte, nicht durchdachte, naive Erzählung erscheinen lassen. In den folgenden Kapiteln werden wir einen näheren Blick auf den Schöpfungsbericht der „Urzeit" werfen. Seine grundlegende Botschaft bestärkt und fördert die universalen Menschenrechte, die Freiheit und Würde des Menschen.

Jede nahöstliche, unter den Völkern und Stämmen der antiken mediterranen Welt verbreitete kosmologische Tradition war für sie eine Möglichkeit, eine gute Beziehung zu sich selbst und zu ihrem sozialen Umfeld herzustellen. Die Mythen der Götter und Göttinnen spielten eine Hauptrolle, die kulturell besondere soziale Rolle der Geschlechter zueinander und untereinander zu verstehen.[28]

Es ist meine Überzeugung, dass der mythopoetische[29] Autor, bevor er den Schöpfungsbericht schrieb, klar erkannt hatte, was er zu tun vorhatte. Er brachte das Firmament, die Erde und die menschliche Familie rechtmäßig in einer von Gott geordneten Umgebung unter. Er verstand seine Welt und das Universum als Schöpfung Gottes. Er begriff *Elohim* als den alleinigen Schöpfer und wusste, dass *Elohim* die Menschheit mit Würde als Sein „Abbild und ihm gleich" gekrönt hatte. Dies ist der biblische Hintergrund des schlichten, doch großartigen Schöpfungsberichtes, den wir in den folgenden Kapiteln lesen werden. Beginnen wir also mit dem Schöpfungsbericht selbst.

---

[28] Einen Überblick über die Rolle der Kosmologie in der Religion finden Sie in *The Ancor Bible Dictionary*, Bd. 1, Seite 1170–1171, „(2) Recent Formulations of the Place of Cosmology in Religion".

[29] Der Begriff „Mythopoetik" leitet sich von zwei griechischen Wörtern ab, *mythos* und *poein*. Bernard F. Batto, Professor für Religion an der DePauw-Universität, definiert *mythopoetik* als „den Prozess, in dem neue Mythen geschaffen oder alte Mythen erweitert werden, damit sie neue Dimensionen umfassen können". Weiterhin sagt er, dass dieser Prozess eine „*bewusste* und reflektierte Anwendung älterer Mythen und mystischer Elemente auf neue Situationen" sei, und zwar im Gegensatz zu „vorbewussten" oder „unreflektierten Aussagen über die Realität". B. F. Batto, *Slaying the Dragon: Mythmaking in the Biblical Tradition*, „The Definition of Myth", Seite 4–14

KAPITEL 2

DIE SCHÖPFUNGSGESCHICHTE

GENESIS 1,1 BIS 2,3

AUS DER

ARAMÄISCHEN PESCHITTA

ÜBERSETZT VON

ROCCO A. ERRICO

Die Mysterien der Schöpfung

DER ARAMÄISCHE PESCHITTA-TEXT

Deutsche Übersetzung[30] von
Genesis 1,1 bis 2,3

Am Anfang
schuf Gott
das Firmament und die Erde.

Jetzt war die Erde Chaos,
und Finsternis war über der Tiefe.
Und der Geist Gottes schwebte mitfühlend
über den Wassern.

Dann rief Gott:
Es werde Licht!
Und es wurde Licht.
Und Gott sah, dass das Licht schön war.
So schied Gott das Licht von der Finsternis.
Dann nannte Gott das Licht: Tag.
Und er nannte die Finsternis: Nacht.
Jetzt war es Abend,
dann war es Morgen,
Tag eins.

---

[30] Aus dem Englischen (Anm. d. Übers.)

DER ARAMÄISCHE PESCHITTA-TEXT VON GENESIS 1,1 BIS 2,3
(OSTARAMÄISCH)

ܒܪܫܝܬ
ܒܪܐ ܐܠܗܐ
ܝܬ ܫܡܝܐ ܘܝܬ ܐܪܥܐ

ܘܐܪܥܐ ܗܘܬ ܬܘܗ ܘܒܘܗ
ܘܚܫܘܟܐ ܥܠ ܐܦܝ ܬܗܘܡܐ
ܘܪܘܚܗ ܕܐܠܗܐ ܡܪܚܦܐ
ܥܠ ܐܦܝ ܡܝܐ

ܘܐܡܪ ܐܠܗܐ:
ܢܗܘܐ ܢܘܗܪܐ
ܘܗܘܐ ܢܘܗܪܐ.
ܘܚܙܐ ܐܠܗܐ ܠܢܘܗܪܐ ܕܫܦܝܪ.
ܘܦܪܫ ܐܠܗܐ ܒܝܬ ܢܘܗܪܐ ܠܚܫܘܟܐ.
ܘܩܪܐ ܐܠܗܐ ܠܢܘܗܪܐ ܐܝܡܡܐ
ܘܠܚܫܘܟܐ ܩܪܐ ܠܠܝܐ:
ܘܗܘܐ ܪܡܫܐ
ܘܗܘܐ ܨܦܪܐ
ܝܘܡܐ ܚܕ:

Dann rief Gott:
Es werde ein Firmament inmitten der Wasser!
Und schied die Wasser von den Wassern.
So schuf Gott das Firmament
und schied die Wasser unter dem Firmament
von den Wassern über dem Firmament.
Und so geschah es.
Dann nannte Gott das Firmament: Himmel.
Jetzt war es Abend,
dann war es Morgen,
Tag zwei.

Dann rief Gott:
Das Wasser unter dem Himmel
sammle sich an einem Ort
und mache trockenes Land sichtbar!
Und so geschah es.
Und Gott nannte das trockene Land: Erde.
Und er nannte die Ansammlung der Wasser: Meere.
Jetzt sah Gott, dass es schön war.

Dann rief Gott:
Die Erde lasse Pflanzen sprießen,
Samen tragendes Kraut, jedes nach seiner Art,
und auf der Erde Bäume wachsen
mit ihren Samen darin, jeden nach seiner Art!
Und Gott sah, wie es geschah.
So ließ die Erde Pflanzen hervorsprießen,
Samen tragendes Kraut, jedes nach seiner Art,

ܘܐܡܪ ܐܠܗܐ:
ܢܗܘܐ ܐܪܩܝܥܐ ܒܡܨܥܬ ܡܝܐ
ܘܢܗܘܐ ܦܪܫ ܒܝܬ ܡܝܐ ܠܡܝܐ
ܘܥܒܕ ܐܠܗܐ ܐܪܩܝܥܐ
ܘܦܪܫ ܒܝܬ ܡܝܐ ܕܠܬܚܬ ܡܢ ܐܪܩܝܥܐ
ܘܒܝܬ ܡܝܐ ܕܠܥܠ ܡܢ ܐܪܩܝܥܐ
ܘܗܘܐ ܗܟܢܐ
ܘܩܪܐ ܐܠܗܐ ܠܐܪܩܝܥܐ: ܫܡܝܐ
ܘܗܘܐ ܪܡܫܐ
ܘܗܘܐ ܨܦܪܐ
ܝܘܡܐ ܕܬܪܝܢ

ܘܐܡܪ ܐܠܗܐ:
ܢܬܟܢܫܘܢ ܡܝܐ ܕܠܬܚܬ ܡܢ ܫܡܝܐ
ܠܐܬܪܐ ܚܕ
ܘܬܬܚܙܐ ܝܒܝܫܬܐ
ܘܗܘܐ ܗܟܢܐ
ܘܩܪܐ ܐܠܗܐ ܠܝܒܝܫܬܐ: ܐܪܥܐ
ܘܠܟܢܫܐ ܕܡܝܐ ܩܪܐ: ܝܡܡܐ
ܘܚܙܐ ܐܠܗܐ ܕܫܦܝܪ

ܘܐܡܪ ܐܠܗܐ:
ܬܦܩ ܐܪܥܐ ܬܕܐܐ
ܥܣܒܐ ܕܡܙܕܪܥ ܙܪܥܐ ܠܓܢܣܗ
ܘܐܝܠܢܐ ܕܦܐܪܐ ܕܥܒܕ ܦܐܪܐ
ܕܙܪܥܗ ܒܗ
ܥܠ ܐܪܥܐ
ܘܗܘܐ ܗܟܢܐ
ܘܐܦܩܬ ܐܪܥܐ ܬܕܐܐ
ܥܣܒܐ ܕܡܙܕܪܥ ܙܪܥܐ ܠܓܢܣܗ

und Fruchtbäume, die Früchte trugen,
mit ihren Samen darin, jeden nach seiner Art.
Jetzt sah Gott, dass es schön war.
Jetzt war es Abend,
dann war es Morgen,
Tag drei.

Dann rief Gott:
Es werden Lichter am Firmament,
um den Tag von der Nacht zu scheiden;
sie seien Zeichen
für Jahreszeiten, für Tage
und für Jahre!
Sie seien Lichter am Firmament,
den Tag zu scheiden von der Nacht;
sie sollen am Firmament scheinen,
der Erde Licht zu geben!
Und so geschah es.
Und Gott machte zwei große Lichter,
das größere, über den Tag zu herrschen,
und das kleinere, über die Nacht zu herrschen,
und die Sterne.
Und Gott vertraute sie dem Firmament des Himmels an,
der Erde Licht zu geben
und über den Tag zu herrschen
und über die Nacht
und das Licht von der Finsternis zu scheiden.
Und Gott sah, dass es schön war.
Jetzt war es Abend,
dann war es Morgen,
Tag vier.

ܘܐܝܠܢܐ ܕܥܒܕ ܦܐܪܐ
ܕܙܪܥܗ ܒܗ ܠܓܢܣܗ
ܘܚܙܐ ܐܠܗܐ ܕܫܦܝܪ
ܘܗܘܐ ܪܡܫܐ
ܘܗܘܐ ܨܦܪܐ
ܝܘܡܐ ܕܬܠܬܐ

ܘܐܡܪ ܐܠܗܐ:
ܢܗܘܘܢ ܢܗܝܪܐ ܒܪܩܝܥܐ ܕܫܡܝܐ
ܠܡܦܪܫ ܒܝܬ ܐܝܡܡܐ ܠܠܠܝܐ
ܘܢܗܘܘܢ ܠܐܬܘܬܐ
ܘܠܙܒܢܐ ܘܠܝܘܡܬܐ
ܘܠܫܢܝܐ
ܘܢܗܘܘܢ ܡܢܗܪܝܢ ܒܪܩܝܥܐ ܕܫܡܝܐ
ܠܡܢܗܪܘ ܥܠ ܐܪܥܐ
ܘܗܘܐ ܗܟܢܐ
ܘܥܒܕ ܐܠܗܐ ܬܪܝܢ ܢܗܝܪܐ ܪܘܪܒܐ
ܢܗܝܪܐ ܪܒܐ ܠܫܘܠܛܢܐ ܕܐܝܡܡܐ
ܘܢܗܝܪܐ ܙܥܘܪܐ ܠܫܘܠܛܢܐ ܕܠܠܝܐ
ܘܟܘܟܒܐ
ܘܝܗܒ ܐܢܘܢ ܐܠܗܐ ܒܪܩܝܥܐ ܕܫܡܝܐ
ܠܡܢܗܪܘ ܥܠ ܐܪܥܐ
ܘܠܡܫܠܛ ܒܐܝܡܡܐ
ܘܒܠܠܝܐ
ܘܠܡܦܪܫ ܒܝܬ ܢܘܗܪܐ ܠܚܫܘܟܐ
ܘܚܙܐ ܐܠܗܐ ܕܫܦܝܪ
ܘܗܘܐ ܪܡܫܐ
ܘܗܘܐ ܨܦܪܐ
ܝܘܡܐ ܕܐܪܒܥܐ

Die Mysterien der Schöpfung

Dann rief Gott:
Das Wasser wimmele von Schwärmen lebendiger Wesen,
und die fliegenden Wesen sollen über der Erde fliegen
in der offenen Weite des Himmels!
So schuf Gott große Drachen
und Lebewesen, die sich regen,
die die Wasser hervorbringen nach ihrer Art,
und alle fliegende Wesen nach ihrer Art.
Jetzt sah Gott, dass es schön war.
Dann segnete Gott sie
und sprach zu ihnen:
Seid fruchtbar und vermehrt euch
und füllt das Wasser der Meere,
und die fliegenden Wesen
sollen sich auf der Erde vermehren!
Jetzt war es Abend,
dann war es Morgen,
Tag fünf.

Und Gott rief:
Die Erde bringe lebendige Wesen hervor
nach ihrer Art:
Vieh, Kriechtiere und wilde Tiere des Feldes
nach ihrer Art!
Und so geschah es.
Gott schuf die wilden Tiere des Feldes
nach ihrer Art
und das Vieh nach seiner Art
und alle Kriechtiere
nach ihrer Art.
Und Gott sah, dass es schön war.

ܘܐܡܪ ܐܠܗܐ:
ܢܪܚܫܘܢ ܡܝܐ
ܪܚܫܐ ܢܦܫܐ ܚܝܬܐ
ܘܦܪܚܬܐ ܬܦܪܚ ܥܠ ܐܪܥܐ
ܥܠ ܐܦܝ ܪܩܝܥܐ ܕܫܡܝܐ
ܘܒܪܐ ܐܠܗܐ ܬܢܝܢܐ ܪܘܪܒܐ
ܘܟܠ ܢܦܫܐ ܚܝܬܐ ܕܪܚܫܐ
ܕܐܪܚܫܘ ܡܝܐ ܠܓܢܣܗܘܢ
ܘܟܠ ܦܪܚܬܐ ܕܓܦܐ ܠܓܢܣܗ
ܘܚܙܐ ܐܠܗܐ ܕܫܦܝܪ
ܘܒܪܟ ܐܢܘܢ ܐܠܗܐ
ܘܐܡܪ ܠܗܘܢ
ܦܪܘ ܘܣܓܘ
ܘܡܠܘ ܡܝܐ ܕܒܝܡܡܐ
ܘܦܪܚܬܐ ܬܣܓܐ ܒܐܪܥܐ
ܘܗܘܐ ܪܡܫܐ
ܘܗܘܐ ܨܦܪܐ
ܝܘܡܐ ܕܚܡܫܐ

ܘܐܡܪ ܐܠܗܐ:
ܬܦܩ ܐܪܥܐ ܢܦܫܐ ܚܝܬܐ
ܠܓܢܣܗ
ܒܥܝܪܐ ܘܪܚܫܐ ܘܚܝܘܬܐ ܕܐܪܥܐ
ܠܓܢܣܗ
ܘܗܘܐ ܗܟܢܐ
ܘܥܒܕ ܐܠܗܐ ܚܝܘܬܐ ܕܐܪܥܐ
ܠܓܢܣܗ
ܘܒܥܝܪܐ ܠܓܢܣܗ
ܘܟܠܗ ܪܚܫܐ ܕܐܪܥܐ
ܠܓܢܣܗ
ܘܚܙܐ ܐܠܗܐ ܕܫܦܝܪ

Die Mysterien der Schöpfung

Und Gott rief:
Lasst uns Menschen machen nach unserem Bild,
uns gleich!
Und sie sollen herrschen über die Fische des Meeres
und über die fliegenden Wesen des Himmels
und über das Vieh
und über alle wilden Tiere des Feldes
und über alle Tiere,
die auf dem Feld kriechen!
So schuf Gott den Menschen
nach seinem Bild,
nach dem Bild Gottes,
Er schuf ihn,
Mann und Frau.
Er erschuf sie.
Dann segnete Gott sie
und sprach zu ihnen:
Seid fruchtbar und vermehrt euch
und füllt die Erde und seid Herr über sie!
Und herrscht über die Fische des Meeres
und über die fliegenden Wesen des Himmels
und über die wilden Tiere des Feldes
und über alle Tiere, die auf der Erde gehen!

Dann sprach Gott:
Siehe, ich habe euch jedes Samen tragende Kraut übergeben,
das auf der Erde gepflanzt ist,
und jeden Baum, der Früchte trägt mit Samen darin;
sie sollen euch zur Nahrung dienen.
Und allen Tieren der Erde

ܘܐܡܪ ܐܠܗܐ:
ܢܥܒܕ ܐܢܫܐ ܒܨܠܡܢ
ܐܝܟ ܕܡܘܬܢ
ܘܢܫܠܛܘܢ ܒܢܘܢܝ ܝܡܐ
ܘܒܦܪܚܬܐ ܕܫܡܝܐ
ܘܒܒܥܝܪܐ
ܘܒܟܠܗ ܚܝܘܬܐ ܕܐܪܥܐ
ܘܒܟܠܗ ܪܚܫܐ
ܕܪܚܫ ܥܠ ܐܪܥܐ
ܘܒܪܐ ܐܠܗܐ ܠܐܕܡ
ܒܨܠܡܗ
ܒܨܠܡ ܐܠܗܐ
ܒܪܝܗ
ܕܟܪ ܘܢܩܒܬܐ
ܒܪܐ ܐܢܘܢ
ܘܒܪܟ ܐܢܘܢ ܐܠܗܐ
ܘܐܡܪ ܠܗܘܢ ܐܠܗܐ:
ܦܪܘ ܘܣܓܘ
ܘܡܠܘ ܐܪܥܐ ܘܟܘܒܫܘܗ
ܘܫܠܛܘ ܒܢܘܢܝ ܝܡܐ
ܘܒܦܪܚܬܐ ܕܫܡܝܐ
ܘܒܒܥܝܪܐ
ܘܒܟܠܗ ܚܝܘܬܐ ܕܪܚܫܐ ܥܠ ܐܪܥܐ

ܘܐܡܪ ܐܠܗܐ:
ܗܐ ܝܗܒܬ ܠܟܘܢ ܟܠܗ ܥܣܒܐ ܕܙܪܥܐ
ܕܡܙܕܪܥ ܥܠ ܐܦܝ ܟܠܗ ܐܪܥܐ
ܘܟܠ ܐܝܠܢ ܕܐܝܬ ܒܗ ܦܐܪܐ ܐܝܠܢܐ
ܕܙܪܥܗ ܡܙܕܪܥ
ܠܟܘܢ ܢܗܘܐ ܠܡܐܟܘܠܬܐ
ܘܠܟܠܗ ܚܝܘܬܐ ܕܒܪܐ

Die Mysterien der Schöpfung

und allen fliegenden Wesen des Himmels
und allem, das auf Erden kriecht,
das Leben hat [das ich gebe],
dienen alle zarten grünen Pflanzen als Nahrung.
Und so geschah es.

Und Gott sah alles an,
was er geschaffen hatte.
Und siehe:
Es war überaus schön!
Jetzt war es Abend,
dann war es Morgen,
Tag sechs.

Und sie waren vollendet:
die Himmel und die Erde
und all ihre Kräfte.
Jetzt, am sechsten Tag,
hatte Gott seine Werke vollendet,
die er gemacht hatte.
So ruhte er am siebten Tag
von allen seinen Werken,
die er geschaffen hatte.
Dann segnete Gott den siebten Tag
und heiligte ihn,
denn er ruhte von all seinen Werken aus,
die er erschaffen und gemacht hatte.

ܘܠܟܠܗ ܦܪܚܬܐ ܕܫܡܝܐ
ܘܠܟܠ ܕܪܚܫ ܥܠ ܐܪܥܐ
ܕܐܝܬ ܒܗ ܢܦܫܐ ܚܝܬܐ
ܘܟܠܗ ܝܘܪܩܐ ܕܥܣܒܐ ܠܡܐܟܘܠܬܐ
ܘܗܘܐ ܗܟܢܐ

ܘܚܙܐ ܐܠܗܐ ܟܠ
ܕܥܒܕ
ܘܗܐ
ܛܒ ܫܦܝܪ
ܘܗܘܐ ܪܡܫܐ
ܘܗܘܐ ܨܦܪܐ
ܝܘܡܐ ܕܫܬܐ

ܘܫܠܡܘ ܫܡܝܐ ܘܐܪܥܐ
ܘܟܠܗ ܚܝܠܗܘܢ
ܘܫܠܡ ܐܠܗܐ
ܒܝܘܡܐ ܫܒܝܥܝܐ ܥܒܕܘܗܝ
ܕܥܒܕ
ܘܐܬܬܢܝܚ ܒܝܘܡܐ ܫܒܝܥܝܐ
ܡܢ ܟܠܗܘܢ ܥܒܕܘܗܝ ܕܥܒܕ
ܘܒܪܟ ܐܠܗܐ ܠܝܘܡܐ ܫܒܝܥܝܐ
ܘܩܕܫܗ
ܡܛܠ ܕܒܗ
ܐܬܬܢܝܚ ܡܢ ܟܠܗܘܢ ܥܒܕܘܗܝ
ܕܒܪܐ ܐܠܗܐ ܠܡܥܒܕ

✧ ✧ ✧

Die Mysterien der Schöpfung

DER ARAMÄISCHE PESCHITTA-TEXT VON GENESIS 1,1 BIS 2,3
(WESTARAMÄISCH)

ברשית
ברא אלהא
ית שמיא וית ארעא

וארעא הות תוה ובוה
וחשוחא על אפי תהומא
ורוחא דאלהא מרחפא
על אפי מיא

ואמר אלהא:
נהוא נוהרא
והוא נוהרא
וחזא אלהא לנוהרא דשפירא.
ופרש אלהא בית נוהרא לחשוחא
וקרא אלהא לנוהרא: איממא
ולחשוחא קרא: לליא
והוא רמשא
והוא צפרא
יומא חד

ואמר אלהא:
נהוא רקיעא במצעת מיא
ונהוא פרש בית מיא למיא
ועבד אלהא רקיעא
ופרש בית מיא דלתחת מן רקיעא
ובית מיא דלעל מן רקיעא
והוא הכנא
וקרא אלהא לרקיעא: שמיא
והוא רמשא
והוא צפרא
יומא דתרין

ואמר אלהא:
נתכנשון מיא דלתחת מן שמיא
לאתרא חד
ותתחזא יבישתא
והוא הכנא
וקרא אלהא ליבישתא: ארעא
ולכנשא דמיא קרא: יממא
וחזא אלהא דשפיר

ואמר אלהא:
תפק ארעא תדאא
עסבא דמזדרע זרעא לגנסה
ואילנא דפארא דעבד פארא
דנצבתה בה
על ארעא
והוא הכנא
ואפקת ארעא תדאא
עסבא דמזדרע זרעא לגנסה

Die Mysterien der Schöpfung

ואילנא דעבד פארא
דלצבתה בה לגנסה
וחזא אלהא דשפיר
והוא רמשא
והוא צפרא
יומא דתלתא

ואמר אלהא:
נהוון נהירא ברקילא דשמיא
למפרש בית איממא לליליא:
ונהוון לאתותא
ולזבנא וליומתא
ולשניא
ונהוון מנהרן
ברקיעא דשמיא
למנהרו על ארעא
והוא הכנא
ועבד אלהא תרין נהירא רורבא
נהירא רבא לשולטנא דאיממא
ונהירא זעורא לשנלטנא דלליא
וכוכבא
ויהב אנון אלהא ברקיעא דשמיא
למנהרו על ארעא
ולמשלט באיממא
ובלליא
ולמפרש בית נוהרא לנישוכא
וחזא אלהא דשפיר
והוא רמשא
והוא צפרא
יומא דארבעא

2 • Die Schöpfungsgeschichte

ואמר אלהא:
נרחשון מיא
רחשא נפשא חיתא
ופרחתא תפרח על ארעא
אלאפי רקיעא דשמיא
אברא אלהא תנינא רורבא
וכל נפשא חיתא דרחשא
דארחשו מיא לגנסהון
וחלפרחתא דגפא לגנסא
וחזא אלהא דשפיר
וברך אנון אלהא
ואמר להון
פרו וסגו
ומלו מיא דביממא
ופרחתא תסבא בארעא
והוא רמשא
וחוא צפרא
יומא דחמשא

ואמר אלהא:
תפק ארעא נפשא חיתא
לגנסה
בעירא ורחשא ו;יותא דארעא
לגנסה
והוא הכנא
ועבד אלהא חיותא דארעא
לגנסה
ובעירא לגנסה
וכלה רחשא דארעא
לגנסה
אחזא אלהא דשפיר

Die Mysterien der Schöpfung

ואמר אלהא:
נעבד אנשא בצלמן
איך דמותן
ונשלטון בנוני ימא
ובפרחתא דשמיא
ובבעירא
ובכלה חיותא דארעא
ובכלה דרחשא
דרחש על ארעא
וברא אלהא לאדם
בצלמה
בצלם אלהא
ברימי
דכר ונאבא
ברא אנון
וברך אנון אלהא
ואמר להון אלהא:
פרו וסגו
ומלו ארעא וכובשוה
ושלטו בנוני ימא
ובפחתא דשמיא
ובבעירא
ובכלה חיותא דרחשא על ארעא

ואמר אלהא:
הא יהבת לכון כלה עסבא דזרעא
דמזדרע על אפי כלה ארעא
וכל אילן דאית בה פארי אילנה
דזרעה מזדרא
לכון נהוא למאכולתא
ולכלה חיותא דדברא

2 • Die Schöpfungsgeschichte

ולכלה פרחתא דשמיא
ולכל דרחש על ארעא
דאית בה נפשא חיתא
וכלה יורקא דעסבא למאכולתא
והוא הכנא

וחזא אלהא כל
דכבד
והא
טב שפיר
והוא רמשא
והוא צפרא
יומא דשתא

ושלמו שמיא וארעא
וכלה חילהון
ושלם אלהא
ביומא שתיתיא עבדוהי
דעבד
ואתתניני ביומא שביעיא
מן כלהון עבדוהי דעבד
וברך אלהא ליומא שביעיא
וקדשה
מטל דבה
אתתניני מן כלהון עבדוהי
דברא אלהא למעבד

Kapitel 3

Das uranfängliche Ereignis

Der Schöpfungsbericht der Genesis (Genesis. 1 bis 2,3) ist eine unergründliche und fesselnde Beschreibung eines urgeschichtlichen Ereignisses. Er ist ein geistlicher hebräischer Bericht, der dem Firmament, der Erde und dem Leben der Menschheit Sinn gibt. Weil dieser Bericht ein kosmogonischer Entwurf ist, betont der Verfasser Gott als den Schöpfer.

Elohim spricht das schöpferisch gebietende Wort und Form erscheint. Gott erschafft nicht nur Ordnung, er stellt Ordnung her, wo immer Unordnung herrscht. Es überrascht nicht, dass dieselbe schöpferische Energie, die Ordnung in das Chaos bringt, auch auf die schöpferische Seelenkraft in uns selbst hinweist. Diese göttliche Energie bewirkt ständig Ordnung und Ganzheit in uns – eine harmonische Polyzentrik des Lebens. *Elohim* (Aramäisch: *alaha*) ist nicht nur der Schöpfer, er ist Gott, der Herr (Hebräisch: *yahweh*[1] *Elohim*). Der Eine, der mit seiner Schöpfung immer als der Innewohnende gegenwärtig ist, ist auch die Eine, universelle Gottheit.

---

[1] Der hebräische Name Gottes wird im Englischen meist mit *yhwh* (nur Konsonanten) wiedergegeben. Die Aussprache *yahweh* und *ehyeh* ist eine wissenschaftliche Vermutung. Eine ausführliche Beschreibung der Namen Gottes *yahweh* und *ehyeh* findet sich in Kapitel 3, dort unter „EHYEH" und „JAHWEH", Seite 75 ff.

3 • Das uranfängliche Geheimnis

Obwohl Genesis 1,1 bis 2,3 aus heutiger Sicht keine wissenschaftliche Abhandlung ist, könnte man diese antike Schilderung dennoch im Lichte heutiger wissenschaftlicher kosmologischer Theorien deuten.[2] Sie ist eine Darstellung des Kosmos, die mystisch *und* metaphysisch ist. (Ich verwende *mystisch* hier im Sinn von „Geheimnis, Rätsel".) Ich persönlich glaube, dass es die entwaffnende Direktheit und Tiefe dieser biblischen Erzählung ist, die sie für die meisten von uns zu einem Geheimnis macht, das uns nicht zur Ruhe kommen lässt.

Der hebräische Erzähler bietet ein bewegendes und fantasievolles Porträt des Firmaments, der Erde und ihrer Lebenswelt, der Welt der Tiere und der Menschheit. Er fasst seine Botschaft in poetische Worte, die Gottes aktive Energien bekräftigen, die aller Erscheinungswelt zugrunde liegen.

Als der Autor seine Schöpfungsgeschichte niederschrieb, konnte die Mehrheit der Bevölkerung weder lesen noch schreiben. Sie verließ sich auf ihre Schriftgelehrten und Gelehrten, wenn es darum ging, die Heilige Schrift für sie zu lesen und auszulegen. Hebräische und aramäische Manuskripte der Bibel wurden in einem bewusst poetischen Stil geschrieben, sodass sie, wenn die Texte laut verlesen wurden, mit Nachdruck erklangen. Rhythmus, Klang, fortlaufende und sich erweiternde Wiederholungen, Anspielungen und Wortspiele waren äußerst wichtig. Die Zuhörer eines sakralen Textes sollten hören und fühlen, wie die Geschichten von ihnen Besitz ergriffen. Die poetischen Wortspiele und die ausgesuchten Wortbilder nahmen ihre Herzen und ihren Geist gefangen. So wird zum Beispiel die Regelmäßigkeit der sechs Tage in einer direkten, schlichten, sinnlichen Weise und

---

[2] Eine interessante und wörtliche wissenschaftliche Erklärung von Genesis 1 bis 2,3 findet sich in Nathan Aviezer, *Am Anfang. Schöpfungsgeschichte und Wissenschaft*; siehe Bibliografie.

Sprache formuliert.[3] Sie versetzt den Zuhörer und den Leser in ein visuell nachvollziehbares, spannendes Drama, an dem alle Sinne beteiligt sind und das den Leser wie den Zuhörer an jedem Wort hängen lässt. Das macht die Kraft und den Charme des alten Geschichtenerzählens aus.

Dieses fesselnde Schöpfungsepos, meisterlich gewebt von biblischen Poeten, fordert unsere Vorstellungskraft zu einer Ehrfurcht gebietenden Begegnung heraus. Von Angesicht zu Angesicht stehen wir unserem schwer fassbaren, geheimnisvollen Universum gegenüber, das uns erstaunt zurücklässt. Und wir begegnen einer ebenso geheimnisvollen Intelligenz, die wir „Gott" nennen. Der Dichter erklärt nichts, er übermittelt einfach seine eindrucksvoll anschauliche Schöpfungsgeschichte.

Eine Welt des Geheimnisses

Heutzutage sind wir oft von einem Zynismus umgeben, der uns verletzen und lähmen kann. Der Lebensstil unserer Gesellschaft betont nachdrücklich den Wert materieller Güter. Außerdem sind wir in einem engen Bewusstsein *spezialisierter* Wissensgebiete gefangen. Diese Spezialisierung macht uns unmerklich unempfindlich gegenüber der geheimnisvollen Schönheit, die uns umgibt und uns innewohnt. So können wir leicht die Fähigkeit verlieren, ansprechbar zu sein für das Wunder, in einer Welt voller Geheimnisse zu leben. Trotz unseres empirischen Wissensstandes und der verblüffenden Fortschritte haben wir aus unseren Theologien und Wissenschaften die Erkenntnis gewonnen: Gott und die

---

[3] Nicht nur Genesis 1,1 bis 2,3 wird auf diese Art und Weise stilisiert, es ist vielmehr die ganze Bibel, die in ihrer ursprünglichen hebräischen und semitischen Schwestersprache Aramäisch dem gleichen Muster folgt. Die meisten Bücher der Genesis sind heilige Legenden sowie dem Volkstum und Brauchtum entstammende Literatur.

Schöpfung bleiben ein Geheimnis. Unsere Forschungen und Studien scheinen die Geheimnisse der Schöpfung zu vertiefen, was zu noch herausfordernderen, endloseren Untersuchungen führt.

Unsere sich kontinuierlich entwickelnden und verändernden Theologien spornen uns zu tieferem Staunen an – einem so tiefen Staunen, dass wir uns fragen, warum und wie überhaupt etwas existiert!

Wir können nicht erwarten, dass uns ein einziger Forschungsbereich – sei es die Naturwissenschaft, die Religion, die Philosophie, die Psychologie oder die Metaphysik – alle Antworten liefert. Das Beste, was unser rationaler Verstand tun kann, ist, uns für das Erscheinen des Kosmos und das Phänomen „Menschheit" neue Modalitäten zur Verfügung zu stellen. Unsere gegenwärtigen Erklärungen des Urgeschehens „Schöpfung" lösen weitere Untersuchungen aus und verblüffen unsere Vorstellungskraft. Das Universum funktioniert nicht so, wie wir es uns vorstellen oder wie wir es herausgefunden zu haben glauben.[4] Um J. B. S. Haldane zu zitieren: „Das Universum ist nicht nur merkwürdig, es ist merkwürdiger, als wir uns vorstellen können."[5]

Wo sind wir?

Haben Sie sich jemals die Frage: „Wo sind wir?", gestellt? Wo wir uns befinden, das ist ein großes Rätsel.

Wir wissen, dass wir auf einem Planeten leben, den wir „Erde" nennen, der zur Galaxie „Milchstraße" gehört, die irgendwo in einem weiten Universum voller Galaxien liegt. Astronomen und Astrophysiker fanden heraus, dass das Universum sich ausdehnt, und Raum gekrümmt ist. Das Problem ist nur, dass es keinen An-

---

[4] Siehe Werner Heisenberg, *Physik und Philosophie*, Hirzel, Stuttgart 2000
[5] Siehe Fred Alan Wolf, *Der Quantensprung ist keine Hexerei*, Seite 119; siehe Bibliografie

fang und keinen Endpunkt in diesem Universum der Galaxien gibt, von dem aus wir die ungeheure Ausdehnung angefüllten Raums ermessen können.

Psychologisch gesehen, fühlen wir, wo wir sind, weil wir der Gegend oder dem Ort, in der oder an dem wir leben, einen Namen gegeben haben. Aber einem Ort einen Namen zu geben und Grenzen festzulegen sagt im Grunde nichts darüber aus, wo wir uns tatsächlich befinden. Überqueren wir die Grenze von Kalifornien nach Arizona, weiß das Land nicht, dass es geteilt ist und ab einem bestimmten Punkt einen anderen Namen trägt. Orte und Dinge zu benennen ist angenehm und notwendig. Es erleichtert uns die Kommunikation. Die Realität aber ist: Orte und Dinge sind namenlos. Um den Philosophen Max Müller zu zitieren: „Dinge sind Gedanken" (*Things are thinks*).

Es gibt natürlich Menschen, die versuchen, die Frage: „Wo sind wir?", philosophisch und religiös zu beantworten. Wenn ich einen Vortrag zum Thema „Schöpfung" halte, bitte ich meine Zuhörer häufig, mir diese Frage zu beantworten. Die Zuhörer sind meist schnell bereit, mir mit erlernten philosophischen oder religiösen Sätzen zu antworten wie: „Wir sind hier", „Wir sind in Gott", „Wir sind jetzt". Diese Antworten ziehen weitere Fragen nach sich: „Wo ist hier?", „Wo in Gott?", „Wer oder was ist Gott?", „Wo und was ist jetzt?" Alle Antworten, ganz gleich wie einleuchtend sie für das rationale Denken auch sein mögen, sind bei näherer Betrachtung reines Ablenkungsmanöver. Sie bieten uns keine wirklich befriedigende Lösung, weil diese Art von Fragen unser ganzes Wesen verlangt und unsere Entschlossenheit, uns einzusetzen.

Wir können keine ehrliche und aufrichtige Antwort auf die Frage: „Wo sind wir?", geben.

So unglaublich uns das auch erscheinen mag, müssen wir doch der Tatsache ins Auge blicken, dass wir keine Ahnung haben! Gewiss, es ist demütigend, festzustellen, dass wir nicht wissen, wo wir sind. Es ist nicht nur unvorstellbar, darüber nachzudenken, es ist ebenso atemberaubend, sich vorzustellen, wie unser Sein überhaupt möglich ist! Mit anderen Worten: Unsere menschliche Existenz ist ein Rätsel! Wenn wir diese Erkenntnis zutiefst empfinden, ist dies der Beginn von Weisheit und das Ende der Arroganz. Wir haben die kindliche Fähigkeit des Staunens, der Neugier, der Sensibilität, des Eingehens auf uns selbst und auf alles um uns herum wiedererlangt.

Wir leben in einem unermesslich weiten, sich ausdehnenden, geheimnisvollen Universum, von dem wir trotz zunehmender Erkenntnisse der Naturwissenschaften, der Metaphysik, der Theologie und der Anthropologie so wenig wissen. Unser Seinszustand ist ein großes Geheimnis. Und unsere „physische" Form ist ebenfalls ein großes Wunder und ein Rätsel.

Und das Erstaunlichste ist, dass auch unser Leben ein Rätsel ist.[6]

MATERIE UND SUBSTANZ

Wörter wie „physisch", „stofflich" und „Materie" sind zweckmäßige sprachliche Etiketten, die wir an den Erscheinungen der Welt und an allen Dingen in ihr, einschließlich unserer körperlichen Form, anbringen. Der christliche Philosoph Alan Keightley sagt, dass die Realität und ihre Beschreibung wie „physisch" oder „stofflich" in sich selbst philosophische Ideen seien. Er schreibt, dass unsere Gedanken die Welt zerlegen, und fährt fort:

Physisch und stofflich sind es Wörter, die wir benutzen, um über die Welt zu sprechen. Die Welt, wie sie in sich selbst ist, ist sprach-los. Die Wörter, die wir benutzen, um über die Welt zu reden, verkörpern unsere konventionelle Art des Denkens. Konventionen sind „Annehmlichkeiten", und wir erkennen bereitwillig an, dass dies in einem

---

[6] Siehe Errico, *Es werde Licht*, Kapitel 9, „Himmel", Seite 212 (in 1. Auflage: Seite 220; Anm. d. Übers.)

> *System von Maßnahmen, gesetzlichen und sozialen Gewohnheiten und so weiter … der Fall ist. Es gibt keine Dinge in der Welt. Dinge sind Begriffe, keine Entitäten.*
>
> *Alle Dinge, Tatsachen und Ereignisse sind vereinfachte, überschaubare Einheiten von Wahrnehmung und Aufmerksamkeit.*[7]

In der Quantenphysik wird die physische Form oder Materie nicht als feste Substanz betrachtet. Nichts, was im Universum als grundlegend bezeichnet wird, ist in Wirklichkeit fest oder unbewegt.[8]

Wir bewohnen einen lebendigen Planeten, der ebenfalls ein Mysterium ist. Auf wunderbare und sinnvolle Weise bringt uns unsere reiche und vielseitige Mutter Erde zur Welt. Sie zieht uns buchstäblich groß, füttert uns mit ihren grünenden Pflanzen und gedeihenden Feldfrüchten und erhält uns mit ihrer sauerstoffhaltigen Atmosphäre. All diese unbeantwortete Istheit erweckt tiefe Ehrfurcht und Achtung vor dem Leben in all seinen unzähligen beseelten und unbeseelten Formen. Der biblische Autor hilft uns nicht dabei, alle Rätsel der Schöpfung zu lösen. Stattdessen macht er uns mit dem Schöpfer dieser Rätsel bekannt.

Ein sehr alter Glaube

In Genesis 1,1 legt der nahöstliche Autor die Betonung auf Gott. „Am Anfang schuf **Gott** das Firmament und die Erde." Es ist kein Zufall, dass der Autor seine Erzählung mit dieser Betonung beginnt. Für einen Semiten steht Gott an erster Stelle und über allem. Die Religion und der Glaube an Gott beherrschen das

---

[7] Alan Keightley, *Into Every Life a Little Zen Must Fall*, Seite 74; siehe Bibliografie

[8] Siehe Fred Alan Wolf, a. a. O., „Wellen-Teilchen-Dualismus und Komplementärprinzip", Seite 156–165

Leben und den Alltag. Dr. Abraham Rihbany[9], der faszinierend und kenntnisreich über den Nahen Osten seiner Zeit geschrieben hat, macht diesen Punkt sehr deutlich:

> *Im Leben eines Orientalen [Semiten] steht die Religion an erster Stelle. Dass dies nicht immer eine bewusste Wahl, sondern Ergebnis seines Temperamentes war, schmälert nicht deren Bedeutung. Von jeher bis zum heutigen Tag war und ist er von zwei alles überragenden Wirklichkeiten überzeugt: von Gott und der Seele.*[10]

Diese tief verwurzelte Haltung des vollkommenen Vertrauens in Gott reicht weit zurück in die Geschichte der Menschen des Nahen Ostens. In jenen alten Tagen waren die Stämme der Nomaden und Halbnomaden was ihr Überleben anbelangte, von ihren Göttern vollkommen abhängig.

Wandernde Stämme bedurften eines Gottes, der sie zu verborgenen Quellen, zu Weideland und anderen Nahrungsquellen führte. Auf den Märkten verkauften Händler Götterstatuen; jeder Stamm hatte seinen eigenen Gott. Bedeutende Vorfahren der Familien waren aus Stein gemeißelte oder aus Holz geschnitzte Götter. Ihre Götter und Göttinnen transportierten die Menschen auf dem Rücken der Kamele, Pferde und Esel. Gelegentlich trugen Priester sie auf ihren Schultern. Manchmal wurden diese Götter von rivalisierenden Stämmen gestohlen und zertrümmert. Die Stämme hätten ihre handgefertigten Gottheiten bis zum letzten Mann verteidigt.

---

[9] Abraham M. Rihbany wurde 1869 im Libanon, der zur damaligen Zeit Teil des osmanischen Syrien war, geboren und ist 1944 in Stanford/Conneticut, in den USA, gestorben. Er war ein amerikanischer Theologe, Philologe und Historiker. (Anm. d. Übers.)

[10] Abraham M. Rihbany, *Jesus aus dem Nahen Osten,* Seite 64; siehe Bibliografie

Die Stämme jener alten Zeit bedurften ihrer Götter, denn ihr Glaube an sie half ihnen, durch die weite, pfadlose Wüste und die unerforschten Gegenden des Nahen Ostens zu ziehen. Sie hatten ein tiefes inneres Wissen, das sie durch das Land führte. Gleichzeitig fühlten sie auch die geheimnisvollen Kräfte der Natur, die aus dem Firmament und allem, was sie umgab, strömten. Diese Stämme bauten auf ihre „Götzenbilder" und „Sternengottheiten" und konnten zum Beispiel durch Orakel die Führung empfangen, die sie brauchten. Dies war ihre Methode zur Erschließung und Nutzung ihrer natürlichen angeborenen menschlichen Fähigkeiten.

Das Geheimnis des Ursprungs Gottes

Wo hat der Gott Israels – oder sollten wir fragen, der Gott der Bibel – seinen Ursprung?

Der Ursprung des biblischen oder nationalen Gottes Israels könnte intellektuell aus der Perspektive der kanaanitischen und mesopotamischen Mythen[11] begründet und diskutiert werden. Viele der nahöstlichen mythischen Überlieferungen und Gedanken sind von hebräischen Autoren der Bibel umgeformt worden.

Wenn nicht an die biblischen und nahöstlichen theogonischen Beschreibungen des Wesens Gottes, wohin anders könnten wir uns dann wenden, den „Ursprung Gottes" zu verstehen? Die Frage nach dem Ursprung Gottes könnte leicht als Anmaßung, wenn nicht sogar für lächerlich gehalten werden. Doch auch Kinder stellen genau diese Frage: „Wer hat Gott gemacht?" Mag

---

[11] Siehe Conrad E. L'Heureux, „Searching for the origins of ‚God'", Seite 33–57 in *Traditions in Transformation: Turning Points in Biblical Faith*, Halpern and Levenson. Weitere Untersuchungen siehe Mark S. Smith, *The Early History of God and Other Deities in Ancient Israel,* und Tryggve N. D. Mettinger, *In Search of God: The Meaning and Massage of the Everlasting Names.* Siehe auch Bibliografie

auch der Leser der Ansicht sein, die Frage sei vermessen oder lächerlich, so beunruhigt sie doch jene, die zu verstehen suchen. Andere gehen erst gar nicht auf sie ein, sie weisen den Gedanken an „Gott" zurück. Deshalb wollen wir auf der Suche nach dem Verständnis von Gott von ihm als dem „Unergründlichen" und dem „Heiligen" sprechen.[12]

Was wir uns selbst fragen müssen ist: Können Menschen überhaupt den Ursprung des zutiefst Heiligen und unendlich Unergründlichen erfahren? Es ist ein Irrglaube, zu denken, dass wir den Unergründlichen durch bloßes Denken erfassen und bewahren können. Um den Heiligen verstehen und erkennen zu können, muss man bereit sein, alle Gedanken über Gott loszulassen. Der Heilige und Unergründliche hat seinen Ursprung nicht im Denken. Dennoch wird versucht zu definieren, was der Heilige und Unergründliche ist. Das Denken erfindet auch Geschichten, um Gott eine Dimension zu geben, und stellt das Göttliche ebenfalls in einen menschlichen Kontext. Doch das Unergründliche und das Heilige sind dimensionslos und gehen über das Denken hinaus. Wenn wir Den Unendlich Unergründlichen erkennen wollen, müssen wir unser Denken in Konzepten zeitweilig einstellen. „Gott" befindet sich jenseits des funktionalen Denkens, aber nicht jenseits des menschlichen Bewusstseins oder der Empfindungsfähigkeit der menschlichen Seele.

Viele unserer tiefen Lebenserfahrungen sind äußerst schwer zu erklären oder auch nur in Worte zu fassen. Wie kann man zum Beispiel die Tiefe der Liebe und die Fürsorge einer Mutter oder eines Vaters für ihre bzw. seine Kinder allein mit Worten erklären? Oder wie kann man das geheimnisvolle Band der Liebe erklären? Liebe trotzt jeder Definition. Tatsächlich trotzt nahezu alles einer

---

[12] Siehe die Kapitel „Der Begriff Gott", Seite 73; „Was steckt in einem Namen", Seite 75; „EHYEH", Seite 75; „YAHWEH", Seite 77, und „EL SHADDAI", Seite 79. In diesen Kapiteln wird der Name Gottes erörtert, um verschiedene Aspekte der Natur Gottes aufzuzeigen.

Definition, was von unergründlicher Tiefe ist. Metaphorische Dichtung hilft, aber leider ist sie nichts weiter als eine Beschreibung. Es gibt bestimmte Erkenntnisse, die im menschlichen Bewusstsein stattfinden, die nicht vollständig zu verstehen sind, aber dennoch wahrgenommen werden können.

Gott und die menschliche Seele

Die Bibel sagt nichts über den Ursprung Gottes.[13] Für mich kommt Gott nicht buchstäblich aus den Himmeln über uns, sondern aus den *imaginabeln*[14] „Himmeln" der menschlichen Seele. Ich benutze das Adjektiv *imaginabel* in der Prägung des französischen Islamgelehrten Henri Corbin. Er verwendete es, um es von der negativ besetzten und herabsetzenden Bedeutung „imaginär" zu unterscheiden. Der heilige Tempel unseres menschlichen Herzens nimmt das Heilige und Unergründliche im Leben auf. Die Seele kann es jedoch nicht wie einen Gefangenen festhalten.

Vergleichen wir die menschliche Seele mit dem Samen einer Pflanze – zum Beispiel mit einem Apfelkern. In ihm sind alle Anlagen eines Apfelbaums enthalten. Niemand kann den Apfelbaum sehen, wenn er den Kern betrachtet – und dennoch ist er da. Ähnlich ist in der menschlichen Seele die Gegenwart des Geistes – Gott – verborgen. Mit diesem Beispiel will ich nicht sagen, dass die Seele den Geist umfasst. Denn der Geist beinhaltet nicht nur die Seele, sondern das ganze Universum. Man kann leicht erkennen, wie schwierig es ist, zu beschreiben, was ohne Worte und

---

[13] Das gilt nicht nur für den Ursprung Gottes, sondern auch für biblische Persönlichkeiten, die plötzlich erscheinen und über deren Herkunft nichts gesagt wird. Siehe z. B. den Propheten in 1. Könige 17,1–24. Die meisten der sogenannten Herkunfts-Biografien (von denen es nur wenige gibt) sind Volkstum oder Legenden.

[14] *Imaginabel* meint „vorstellbar, erdenkbar", im Gegensatz zu *imaginär*, das „eingebildet, erfunden" bedeutet. (Anm. d. Übers.)

nicht zu beschreiben ist. Philosophisch gesehen, muss das Unbegreifliche in der Begrifflichkeit dessen gesagt oder erklärt werden, was bekannt und deshalb sprachlich begrenzt ist.

Auch wenn wir über die Erforschung der frühen Geschichte oder die Herkunft von Gott sprechen, sprechen wir über die Erforschung einer Vorstellung von Gott. Gott selbst entspricht niemals einer Vorstellung; Erklärungen von Gott sind Vorstellungen von Gott.

Der Begriff „Gott" ist ein sprachliches Symbol, das auf eine Wirklichkeit hinweist, die jenseits von Worten liegt. So wie der Begriff „Baum" auch nur ein Wort und nicht der Baum selbst ist. Es weist lediglich auf die Vorstellung von einem Baum hin. So ist auch der Begriff „Gott" nicht Gott selbst; er weist auf eine Vorstellung von Gott hin. Die Realität geht über die Sprache hinaus und kann nur im menschlichen Bewusstsein verwirklicht werden.

Was ist Gott?

Heute ist Gott bekannt als der unsichtbare Schöpfer und Urheber aller Dinge, als der höchste Erhalter, das höchste Wesen. Dennoch fragen wir noch immer: „Was ist Gott?" Wir Menschen haben die Fähigkeit, eine unsichtbare Gegenwart, die wir „göttlich" nennen, zu fühlen. Aber in unserem Versuch, das Unerklärbare zu erklären, scheitern wiederum unsere Worte. Dennoch fahren wir fort, von Gott als „dem ewigen Geist, dem Allwissenden, Allmächtigen, Allgegenwärtigen, dem stets Handelnden" zu sprechen.

Die Autoren der Bibel lehren, dass Gottes Natur bedingungslose Liebe und Frieden ist. Sie sagen auch, dass Gott wie ein Mensch ärgerlich wird und sich freut, dass er auch bereut und seine Fehler bedauert. Zugleich lehren sie, Gott sei unwandelbar und nichts könne seine göttliche Natur beeinflussen.

Warum schildern die Verfasser der Bibel Gott mit emotionalen, menschlichen Eigenschaften und mit der Fähigkeit, erfolgreich zu sein oder zu versagen?

1. Gott kann durch seine Schöpfung, durch das, was er erschaffen hat, nicht beschrieben oder definiert werden. 2. „Gott" ist ein metaphysischer Begriff. Deshalb schilderten die biblischen Poeten, Propheten und Schriftgelehrten den Gott Israels als einen Mann. Sie beschrieben ihn als einen leidenschaftlichen Semiten, der sich im Kontext ihrer nahöstlichen Kultur zum Ausdruck bringt. Er wird als ein großer nahöstlicher Potentat dargestellt, der von Boten (Engeln), Wesiren und anderen göttlichen Beamten umgeben ist. Auf diese Weise vermenschlichten und charakterisierten die Verfasser Gott als einen Bewohner des Nahen Ostens und insbesondere als einen Semiten.

Metaphysische Konzepte sind für uns schwer zu verstehen. Ich vergleiche gern Metaphysisches und Geistiges mit Flüssigem und Gas. Man braucht Behälter, um Flüssigkeiten oder Gas zu transportieren. In der Bibel sind die Parabeln, Allegorien, Legenden und die symbolische und metaphysische Sprache „Gefäße", die die metaphysischen Konzepte und spirituellen Ideen des Unbeschreibbaren (Gott) transportieren. Für uns und jeden fortschrittlichen Denker sind diese „Gefäße" der Bibel besser zu verstehen, wenn wir sie nicht wörtlich nehmen. Das gilt besonders für Perikopen, in denen Gott mit menschlichen Eigenschaften geschildert wird.

Weil die hebräischen Autoren Gott als den großen nahöstlichen Souverän beschrieben, lag es nahe, dass *Elohim* als solcher auch gefürchtet werden musste.

Das aramäische Wort für „Furcht" wird oft falsch verstanden. *dighta* bedeutet weit mehr als nur „fürchten". In vielen Perikopen der Schrift sollte *dighta* mit „verehren, ehren, achten, Ehrerbietung bezeugen" übersetzt werden. „Ehrfurcht" und „Ehrerbietung" meinen nicht „Angst haben", sondern sind ästhetische Eigenschaften und als solche verwandt mit unserer spirituellen Natur. „Ehrfurcht ist eine der menschlichen Antworten auf die Gegenwart des Mysteriums."[15]

Im Nahen Osten wird Gott verehrt, weil er den Menschen als

3 • Das uranfängliche Geheimnis

„Schöpfer" und „Vater" bekannt ist. Nun könnten wir fragen: „Und was ist mit der Rolle der Mutter, was ist mit den schöpferischen weiblichen Werken?" In den Mythen des historischen alten Irak (Sumer und Akkad) spielten Götter wie Göttinnen eine große Rolle.[16] Sie spiegelten die männliche und die weibliche Rollenverteilung jener Gesellschaft wider. Es gibt viele Überlieferungen von der Erschaffung des Menschen durch Muttergöttinnen und weibliche Hauptgottheiten, die sich um das Volk kümmerten und für es sorgten. Die hebräischen Poeten und Erzähler veränderten und verwandelten diese weiblichen Mythen für die Bibel.[17] Viele weibliche Rollen und Aktivitäten der Göttinnen wurden *Yahweh* zugeschrieben.[18] So kann man sich Gott den HERRN (*Yahweh Elohim*) als göttliches Elternteil, als Vater-Mutter-Gott vorstellen, der bestimmten Verpflichtungen nachkommt. Jesus beschreibt Gott als einen Elternteil, einen Vater, der seine geliebten Kinder umsorgt und leitet. Er beschreibt Gott auch als einen treu sorgenden Hirten, der jene, die wie Schafe vom Weg abgekommen sind, sucht, und die, die verletzt oder krank sind, heilt.

Wenn wir also die Frage stellen: „Was ist Gott", können wir

---

[15] Abraham Joshua Heschel, *Man is Not Alone*; siehe Bibliografie

[16] Das war, bevor die Göttinnen durch die Rolle der Götter in den Hintergrund gedrängt wurden.

[17] Siehe Tikva Frymer-Kensky, *In the Wake of the Goddesses: Women, Culture and the Biblical Transformation of Pagan Myth*; siehe Bibliografie

[18] *Yahweh* übernahm die Rollen, die die Muttergottheiten innehatten, die sich während der Schwangerschaft und der Geburt eines Kindes um die Frauen kümmerten. Im Monotheismus bedurfte es keiner göttlichen Geburtshelferin und keiner Arbeits-Hilfskraft. Gott, der Herr Israels, übernahm von der Empfängnis bis zur Geburt all diese Aufgaben. Siehe Psalm 139,13–16; Jesaja 44,2, 24; Ijob 31,15; Jesaja 46,3–4; Jesaja 66,9; siehe ebenso Phyllis Trible, *God and the Rhetoric of Sexuality: From the Wombs of Women to the Compassion of God*, Seite 34–56

genauso fragen: „Was ist Gott *nicht*?" Gibt es im Universum einen einzigen Ort, an dem Gott nicht gegenwärtig ist, oder irgendetwas, was nicht durch das Höchste Wesen erhalten wird? Nach der Schrift ist diese Kraft in allem und sie wirkt durch alles. Diese wirksame Gegenwart kann in einem Grashalm, einem Baum, einem Berg und einem Menschen erahnt werden. Gott ist alles und durch alles und auch jenseits von allem. Wir können also sagen, dass Gott beides ist, immanent und transzendent. Aber haben wir die Frage: „Was ist Gott?" hinreichend beantwortet?

Eine Parabel

Einst suchte ein philosophierender Mönch nach einer Antwort auf die quälende Frage: „Was ist Gott?" Um sich ihr ganz widmen zu können, beschloss er, sich zurückzuziehen und als Einsiedler zu leben. Er fand eine Höhle in der Nähe eines Sees, an dessen gegenüberliegendem Ufer ein Kloster lag, wovon der Mönch jedoch nichts wusste. Nachdem er mehrere Monate, philosophierend und in tiefer Kontemplation versunken, in der Höhle gelebt hatte, erreichte ihn eine Einladung des Abtes dieses Klosters, der ihn zum Brotbrechen einlud. Erfreut sagte der Mönch zu.

Der Abt wusste von der verzweifelten Suche des philosophierenden Mönches. Als der Tag der Einladung gekommen war, tauschte der Abt sein Ordenskleid mit dem Gewand eines einfachen Bauern, setze eine Kapuze auf, zog sie tief ins Gesicht und ging hinunter zum See. Als er an ihm entlangschlenderte, sah er, wie der Mönch seine Höhle verließ, am Ufer entlang in Richtung des Klosters wanderte. Der Abt blieb stehen, wandte sich dem See zu, zog einen Holzlöffel aus seinem Bauerngewand und begann, einen Löffel Seewasser nach dem anderen zu schöpfen und in den Sand zu gießen. Der Mönch war inzwischen nahe genug herangekommen und beobachtete die Szene. „Der arme Mann hat wohl seinen Verstand verloren", dachte er. Mit wenigen Schritten war er bei dem verkleideten Abt und fragte ihn vorsichtig und voller Mitgefühl: „Was machen Sie da?" „Herr, ich versuche, den See leer zu schöpfen, damit jeder Reisende eine Abkürzung nehmen kann." Überrascht rief der Mönch: „Sie sind verrückt! Wie können Sie diesen großen See mit einem so kleinen Holzlöffel leeren?"

Schnell antwortete der Verkleidete: „Ich weiß, Sie leben in dieser Höhle, um das Unbegreifliche zu begreifen, das Unergründliche zu ergründen und das Unermessliche zu ermessen. Sie tun das mit Ihrem kleinen Kopf, und, wenn sie Ihre Aufgabe mit meiner Aufgabe hier vergleichen, ist Ihr Kopf sogar noch kleiner als mein Holzlöffel." Plötzlich erkannte der Philosoph, dass der See, den er zu überqueren suchte, uferlos und endlos war, und er beschloss, seine Frage vollkommen fallen zu lassen. Glücklich machte er sich mit dem Abt auf den Weg zum Kloster, um mit ihm eine gute Mahlzeit zu genießen.

Der Mensch ist mit Weisheit ausgestattet, um sich seiner Aufgabe und seines Lebensausdrucks bewusst zu sein. Selbstfindung ist das Wesentliche im Leben. Wenn wir unser wahres und essenzielles Selbst erkennen und zu ihm werden, erkennen wir auch unseren Schöpfer. Intuitiv wissen wir, dass die Frage nach uns selbst die Frage nach Gott (Geist) ist und die Frage nach Gott die Frage nach uns selbst.

Jesus sagte zu der Samariterin: „Gott ist Geist." Das Wort „Geist", *ruha*, hat im Aramäischen viele Bedeutungen: „Wind, Schwingung, Temperament, universal, überall, alles umfassend". Geist kann nicht fotografiert, begriffen, gemessen oder errechnet werden.

Gott ist dimensionslos und unsichtbar. Geist ist formlos, kann sich aber dennoch in jeglicher Form manifestieren. Menschliche Sprache kann „Geist" nicht erklären, aber innerlich kann man ihn fühlen und seine wortlose Stimme hören. Die hebräischen Schriftsteller und Propheten kommunizierten durch ihren Geist mit Gott, sie hörten die innere Stimme.

Gott – das Mysterium

Ich möchte von einer interessanten Begegnung erzählen, die ich an Bord eines Flugzeugs hatte. Ich war auf dem Rückweg von einer intensiven und ermüdenden Vortragsreise und wollte den Flug genießen und mich entspannen. Da tippte mir plötzlich jemand auf die Schulter. Es war der Passagier, der in meiner Reihe zwei Sitze weiter in Richtung Gang saß. Er hatte die Bücher gesehen, die auf dem freien Sitz zwischen uns lagen. Der Mann interessierte sich für deren religiösen Inhalt. Er erzählte mir, er sei Physiker und Astronom. Unser Gespräch vertiefte sich. Für einen kurzen Moment schwieg er, um mir dann emotional und mit Nachdruck zu erklären: „Ich glaube nicht an Gott!" Ich reagierte nicht sofort auf diese Aussage, sondern fuhr fort, die verschiedenen religiösen Philosophien, die diese Bücher enthielten, zu erörtern. Mit Nachdruck bekräftigte er seine Gefühle und rief: „Ich glaube nicht an Gott!" Offensichtlich hatte er eine scharfe oder empörte Entgegnung erwartet. Ich schwieg einige Augenblicke, schaute dann nach oben, so als sähe ich Gott, öffnete meine Handflächen, streckte meine Hände nach oben aus, dann dem Mann entgegen und antwortete heiter und ganz beiläufig: „Wenn Gott das bisher nicht gestört hat, warum sollte es mich stören?"

Er sah mich erstaunt und zugleich belustigt an. Überrascht sagte er: „Sie sind anders." Ich fragte ihn, wie er sich fühle, wenn er aufmerksam den Himmel betrachte. Zuerst gab er mir wissenschaftliche Erklärungen und Fachausdrücke. Ich fragte ihn nochmals: „Wie *fühlen* Sie sich, wenn Sie das Universum erforschen?" Entspannt lehnte er sich zurück und antwortete mit einem Lächeln: „Ich bin überwältigt." Schnell antwortete ich: „Jetzt sprechen wir von Gott."

Gott ist es völlig egal, ob wir an eine aus sich selbst existierende Gegenwart glauben. Biblisch gesehen, hat der Glaube an Gott nichts mit der Frage nach der Existenz Gottes zu tun.[19] Im biblischen Sinn bestimmte der Glaube an Gott das ethische Verhalten eines Menschen, das hieß, „an Gott zu glauben" bedeutete, der Tora zu folgen.

Trotz der ungeheuren Explosion empirischer Daten, die bisher viele Geheimnisse des Universums enthüllt haben, ist das Universum doch weiterhin ein Mysterium wie Gott ein Mysterium ist.

Unsere Gedanken über Gott, das Universum und die Menschheit sind faszinierende, begriffliche Einordnungen. Es sind Interpretationen. Gott und das Universum an sich bleiben unerklärlich. Die Worte von Abraham Heschel drücken diesen Gedanken sehr klar aus: „Konzepte sind köstliche Snacks, mit denen wir versuchen, unser Staunen zu mildern."[20]

Ich fasse zusammen: Wenn wir das Universum, die Erde und die „Dinge" in ihm beschreiben, müssen wir Sprachsymbole verwenden – „physisch, Materie, Form" und so weiter. Diese Terminologien helfen, unsere Welt begrifflich zu erfassen. Die Realität der Welt übersteigt aber bei Weitem unseren Horizont, unsere Gedanken und Beschreibungen. Wir leben in einem endlosen, grenzenlosen, uferlosen Universum. Geistig gibt es keine Entfernung zu überwinden und keinen Abgrund zu überbrücken.

Konzepte von Gott

Studieren wir unser immenses Universum, ist unser Verstand von seiner Unermesslichkeit überwältigt. In unserem Versuch, Gott nur auf einer mentalen Ebene zu erfassen und zu begreifen, lassen wir das gleiche verwirrende Experiment entstehen, das erzeugt würde, wenn wir versuchten, das Universum mental zu erfassen.[21]

---

[19] Siehe Kapitel 1, dort unter „Der antike Nahe Osten", Seite 29

[20] Abraham J. Heschel, *Man is not Alone, A Philosophy of Religion,* darin: „The Disparity of Soul and Reason", Seite 7; siehe Bibliografie

[21] Ebda. „The Mystery within Reason", Seite 13 f.

Das gilt auch für Versuche, Gott auf Vorstellungen zu reduzieren. Zwar sind Begriffe sinnvoll und hilfreich, aber sie sind definitiv begrenzt. Sie sind ein interpretierender Griff nach etwas, was nicht ausschließlich durch den Intellekt verstanden werden kann. Dennoch können wir die Gegenwart und die Wirklichkeit des höchsten Wesens erkennen, ohne zu versuchen, diese Realität zu begreifen. Gott und das Universum leben wirklich in einer wortlosen Dimension.

Interpretationen von Gott werden dem nicht gerecht, was Gott tatsächlich ist. Das liegt daran, dass eine Gottheit mit Begriffen beschrieben werden muss, die bekannt sind. Versuchten wir Gott durch die bekannten Erscheinungsformen der Schöpfung zu erklären, dann wäre das so, als versuchten wir die Existenz der Sonne durch einen ihrer Strahlen zu erklären oder Eis in einem heißen Ofen oder Feuer in einem Gefrierschrank zu lagern.

Trotz dieser Schwierigkeiten kann Gott durch intellektuelle, nicht-sinnliche Intuition wahrgenommen werden. In der Philosophie ist dies als „Noumenon" bekannt. Mit anderen Worten, obwohl Gott nicht gesehen werden kann, kann er auf einer intuitiven Ebene – jenseits aller rationalen Muster – verstanden werden.

Gott spricht ohne Worte. Aber er ist nicht der einzige stumme Redner in unserem Universum. Die Erde und die Natur kommunizieren ohne Worte. Wieder muss gesagt werden, dass Geist jenseits mathematischer Gleichungen und der Physik Newtons liegt.

Geistiges Verstehen und geistige Offenbarung sind in erster Linie einmal offene Kanäle, durch die wir zumindest teilweise die Natur und die Existenz Gottes wahrnehmen. Durch Offenbarung kann man die Stärke, die Gegenwart und die Größe Gottes erfahren.

Wir haben die Fähigkeit, Gott zu kennen, mit seiner Gegenwart zu kommunizieren und seine Eigenschaften zu verstehen, weil sie in uns wohnen. Auf diese Weise lernen wir die Natur Gottes, seine Güte und Liebe kennen. Im Matthäusevangelium heißt es, dass jeder Mensch, der „reinen Herzens ist" (mit einem klaren Denkvermögen), die Fähigkeit und die Kraft hat, „Gott zu sehen" (wahrzunehmen). „Selig sind, die reinen [aufrichtigen] Herzens sind, denn sie werden Gott schauen [wahrnehmen]."[22]

DER BEGRIFF „GOTT"[23]

Das aramäische Wort *alaha*, das hebräische Wort *elohim* und das arabische Wort *allah* kommen vermutlich von der semitischen Wurzel *elh*. Es gibt in den semitischen Sprachen mehrere Hauptbedeutung dieser Wurzel: 1. der Starke und Mächtige, 2. der Verehrte, 3. der Höchste (kanaanitische Wurzel) 4. der Helfer, Unterstützer; der, der erhält (aramäische Wurzel).

Ein anderes aramäisches Wort für Gott ist *ithea*, „selbst-existierend, selbst-zusammenhaltend, selbst-erhaltend". *Ithea* ist qualitativ und bezieht sich auf die ewige Existenz, auf etwas, was aus sich selbst heraus existiert und sein Leben nicht von irgendwo oder durch irgendetwas außerhalb seiner selbst erhält. Mit anderen Worten: Gott ist alles, was es gibt. Alles, was wir „Ding" nennen, verdankt seine Existenz *ithea*.[24]

Ithea, das in sich selbst-existierende Prinzip, ist die wirksame, schöpferische Gegenwart, die die fortwährende Ausdehnung des Universums durchdringt und durch es hindurch handelt. Uns erscheint es „unpersönlich" zu sein, und doch ist es in jedem Mitglied der menschlichen Familie aktiv.[25] Indem es unsere Mün-

---

[22] Matthäus 5,8; Aramäische Peschitta, Übersetzung: Errico. In: Rocco A. Errico, *The Message of Matthew: An Annotated Parallel Aramaic-English Gospel of Matthew*; siehe Bibliografie

[23] Siehe Errico, *Es werde Licht*, dort unter „Die Namen Gottes"

[24] Beachte: ITHEA schließt „es, Ursprung" ein. Siehe Kapitel 4, dort unter „Kausalität", Seite 89

[25] Dies schließt seine Aktivität im Tier- oder Pflanzenreich ein.

digkeit und Individualität entwickelt, hält es uns erfolgreich in Bewegung. Man könnte sagen, *ithea* ist nicht nur ein „Prinzip" in uns, sondern wird in jedem Einzelnen zu etwas ganz Persönlichem. (Der Begriff „Individuum" kommt aus dem Lateinischen und bedeutet „das Unteilbare, Ungeteilte". Individualität ist also ein gleichbleibender, unaufhörlicher Zustand des Reifens.)

WEITERE ASPEKTE GOTTES

In Exodus 3 macht uns der große hebräische Prophet und Gesetzgeber Moses mit einem neuen Ausdruck der Gegenwart Gottes bekannt – für ihn eine neue Einsicht. Er hatte die Schafe seines Schwiegervaters Jitro, des Priesters der Midianiter, gehütet und auf dem Weg zurück zu Jitros Haus musste er, bevor er das Weideland von Horeb erreicht hatte, ein Wüstengebiet durchqueren. Die Täler, die den Berg Horeb umgeben, sind das am höchsten gelegene Gebiet der Sinaihalbinsel und sehr fruchtbar. Dort gedeihen sogar Obstbäume. Wasser gibt es in diesem Gebiet im Überfluss. Sind die tiefer gelegenen Gebiete ausgetrocknet, sind diese Täler der Zufluchtsort aller Beduinen. Hier am Berg Horeb hatte Gott Moses aufgefordert und bevollmächtigt, sein Volk aus Ägypten zu befreien. Der Bote *Yahwehs* erschien in einem brennenden Busch und Moses sprach mit Gott. „Da sagte Moses zu Gott: ‚Gut, ich werde zu den Israeliten gehen und ihnen sagen: Gott, der Herr eurer Väter, hat mich zu euch gesandt; da werden sie mich fragen: Was ist sein Name? Was soll ich ihnen darauf antworten?' Gott sagte zu Moses: ‚*ahieyah-ashar-ahieyah* [Hebräisch *ehyeh-asher-ehyeh*]. Und dies sollst du den Israeliten sagen: *ahieyah* [*ehyeh*] hat mich zu euch gesandt.'"[26]

---

[26] Exodus 3,14–15, Aramäische Peschitta, Übersetzung: Errico – Beachte: Der göttliche Namen wurde von mir absichtlich nicht übersetzt, sondern vom Aramäischen (*ahieyah*) und Hebräischen (*ehyeh*) transkribiert. Gewöhnlich wird er mit „Ich bin" übersetzt.

Was steckt in einem Namen

Im alten Nahen Osten glaubte man, die Namen von Göttern oder Göttinnen, wie Namen überhaupt, besäßen eine vitale Eigenschaft. Sie dienten also nicht nur zur Unterscheidung, sondern drückten Kraft und Charakter aus. Nach einem alten Mythos wachten die Götter eifersüchtig über ihren Namen. Den Namen einer Gottheit zu kennen verlieh Macht und Zutritt zu dieser Gottheit. Namen verkörperten die Natur, Stellung und Funktion eines Gottes oder einer Göttin.

Moses gab Gott zu verstehen, dass die Israeliten den Namen der Gottheit wissen wollten, die ihn beauftragt hatte, das Volk aus den Händen der Ägypter zu befreien. Doch wahrscheinlich wollte Moses den Namen Gottes selbst erfahren, um sich ihm nähern zu können.[27] Für ihn war der Name Gottes der Weg in seine Gegenwart.

EHYEH

Die meisten Gelehrten nehmen an, dass der göttliche Name *ehyeh* die erste Person Singular des hebräischen Verbs „sein" (*hayah*) sei. Diese Verbform kann sowohl Präsens als auch Futur ausdrücken. Die Übersetzung von *ehyeh* mit „Ich bin" ist umstritten. Dass *ehyeh* zweimal vorkommt – *ehyeh-asher-ehyeh* – macht die Übersetzung umso komplizierter.

Das erste *ehyeh* könnte als Präsens mit „Ich bin" und das zweite als Futur mit „Ich werde sein" übersetzt werden. Das hebräische Wort *asher* kann „wo" oder „was" oder auch „das, was" bedeuten.

---

[27] Bei den Hebräern verwendete Moses niemals den göttlichen Namen *ehyeh*, sondern seine Ableitung *yahweh*. Die Offenbarung des Namens war für Moses sehr wichtig und läutete für den Monotheismus eine neue Phase der Entwicklung innerhalb seiner Geschichte ein.

Einige Kommentatoren sind der Meinung, dass der Name, mit „Ich bin" übersetzt, nicht die ganze Bedeutung von *ehyeh* wiedergibt. Sie schlagen vor, *ehyeh* in beiden Fällen als Futur aufzufassen und mit: „*Ich werde sein, was das Morgen erfordert*", zu übersetzen.[28] (J. D. Levenson schlägt vor: „Ich werde sein, wo ich sein werde."[29]) Das bedeutet, der Gott Israels ist völlig frei und uneingeschränkt von den vom menschlichen Verstand gesetzten Parametern. Schließlich war *Yahweh* ein grenzenloser Gott der Wüste.

Wieder andere übersetzen: „Ich bin, wo ich sein will", was erläutert wird als: „ER ist im Grunde nicht benennbar, unerklärlich und nicht zu beschreiben." Im Midrasch heißt es: „Weil Gott mit vielen Namen angerufen wird, ist er, was er kraft seiner Taten ist. Das heißt, man kann Gott nicht wirklich kennen, bis man ihn im Leben erfahren hat."

Auch wenn die Schrift sagt, Gott habe sich Mose wie sonst keinem Menschen kundgetan, bleibt die volle Tiefe und Bedeutung des Namens *ehyeh* trotz mannigfacher Interpretationen letztlich ungeklärt. Für mich gibt es neben der sachlichen Bedeutung eine praktische Anwendung, denn: „*Ich werde sein, was das Morgen erfordert*" ist für uns von ebenso großer Bedeutung wie für Moses oder den sich entwickelnden Monotheismus des alten Israels.

Den göttlichen Name *ehyeh-asher-ehyeh* kann man so verstehen, dass Gott die Erfüllung eines jeden Menschen ist und bleibt. Mit anderen Worten: Das, was wir von der Überlieferung des göttlichen Namens erfassen können, ist, dass diese geistigen Kräfte, die jedem Individuum innewohnen, auf menschliche Bedürfnisse reagieren

---

[28] W. Gunther Plaut, *The Torah: Genesis, A Modern Commentary,* Bd. II, „The Divine Name *ehyeh*" Seite 39–41

[29] Jon D. Levenson, *Sinai & Zion: An Entry into the Jewish Bible;* siehe Bibliografie

können und dies auch tun. Gott als die in der menschlichen Familie unendliche, liebende, intelligente Gegenwart wird immer das sein, was gerade von ihr benötigt werden wird.

YAHWEH

In Exodus 6,2 bis 3 wird der göttliche Name Mose ein zweites Mal offenbart. Statt *ehyeh* ist es hier eine andere Verbform von *hayah,* und zwar *yahweh.* Bibelwissenschaftler sind der Meinung, dass Kapitel sechs und drei, die die Facetten des Namens Gottes und seiner Natur nennen, sehr wahrscheinlich eine Variation derselben Tradition und desselben Motivs sind. Betrachten wir nun den heiligen Namen *yhwh*.[30]

„Und Gott sprach mit Moses und sagte zu ihm: ‚Ich bin der HERR [Hebräisch *yhwh*]. Ich bin Abraham, Isaak und Jakob als der allmächtige Gott erschienen *[el*[31] *shaddai]*; aber den Namen HERR [Hebräisch *yhwh*] machte ich ihnen nicht kund.'"[32] Sprachwissenschaftler der Semitistik halten *yahweh* für die dritte Person Singular des hebräischen Infinitivs „sein" *(hayah)*[33], ein Kausativ, den man mit „Er, der bewirkt, zu sein"[34] übersetzen würde.

---

[30] Siehe die Fußnote 1 auf Seite 54

[31] Der Gott *el* der hebräischen Patriarchen Abraham, Isaak und Jakob war nicht wie die anderen Götter jener Zeit, die sesshafte, emotionslose Gottheiten waren, das heißt, sie waren auf bestimmte Orte begrenzt und herrschten über ein spezielles Gebiet. Der Gott der Patriarchen war nicht sesshaft und nicht auf ein lokales Heiligtum oder einen geheiligte Ort beschränkt.

[32] Exodus 6,2–3; Aramäische Peschitta, Übersetzung: Errico

[33] Siehe in diesem Kapitel, dort unter „Was steckt in einem Namen", Seite 75

[34] Es gibt noch andere wissenschaftliche Meinungen, die auf umfassenden Analysen der Verbformen der babylonischen und kanaanitischen Sprachen beruhen. – „ER, der gewiss sein wird [sich selbst kundtut zu sein]" oder

Die Mysterien der Schöpfung

Durch die Namen Gottes lernten wir die verschiedenen Aspekte des Wesens und der Gegenwart Gottes kennen, aber auch die Grundlage des Monotheismus.

Aber wichtiger als die Beziehung zwischen den Namen Gottes und dem Monotheismus war es für die Menschen – Menschen wie Sie und ich –, die Wirklichkeit dieser Namen zu erfahren. Die Seelen reagierten auf die göttliche Gegenwart und kommunizierten mit ihr; sie fühlten, dass sie sie leitet. Diese Erfahrung ging über jedes intellektuelle Verstehen hinaus. Die Empfänger wurden in den Tiefen ihres Wesens genährt. Nach Exodus 3,3 sagte Gott zu Moses, dass er als *ehyeh-asher-ehyeh* zu verstehen sei. Wir haben gesehen, dass es viele Möglichkeiten gibt, *ehyeh* zu interpretieren als: „der selbst existierende Gott", „der Grenzenlose", „der Eine, Der ist, was Er sein wird", das heißt „Der, Der in Sich Selbst die unerschöpfliche Quelle des Seins besitzt", das bedeutet, das Wesen ist, das immer Er zu sein wünscht.

Aus einer anderen Perspektive kann man sagen, Gott kann weder durch ein Ereignis noch durch Umstände, einen Einzelnen, einen Stamm, eine Sippe, eine Generation, Nation oder ein Zeitalter vollständig definiert werden. Durch die Natur, die Geschichte und die menschliche Seele erneuert die göttliche Gegenwart unaufhörlich die Offenbarung ihrer selbst.

Wie ich oben schon sagte, wiesen Namen auf eine bestimmte Existenz hin. Die Menschen glaubten, dass ein Ding oder eine Sache für sie (in ihrem Bewusstsein) Wirklichkeit werden würde, wenn sie ihm oder ihr einen Namen gaben.[35] Kennt man den

---

„ER, der sich selbst beweist". Es gibt mindestens noch fünf oder sechs weitere Übersetzungen beziehungsweise Interpretationen von *ehyeh*, aber die von Martin Buber und Franz Rosenzweig ist für mich die reizvollste: „Er ist da [bei dir]." Im Aramäischen bedeutet der Name: „ER, der ins Leben bringt", „Lebensspender" und „Spender des Daseins".

[35] Als Beispiel siehe Genesis 2,19–20a. Gott brachte Adam alle Tiere, damit

Namen eines Menschen, tritt man in seine persönliche Sphäre ein. Den göttlichen Namen zu kennen bewirkt, mit jener göttlichen Gegenwart vertraut zu sein.

EL SHADDAI

El Schaddai war ein den Patriarchen[36] bekannter Beiname Gottes und ein Eigenschaftsname *Yahwes*. Es wurde mit „der Allmächtige" oder „der Genügende" übersetzt. Kein Hebraist kennt die ursprüngliche Bedeutung dieses Namens Gottes.[37] Einige vermuten, dass seine Wurzeln auf den „Berggott"[38] hinweisen, andere auf „den Vielbrüstigen", das heißt „den Einen, Der ernährt".

In dem Essay „Der Gott mit den Brüsten: *El Schaddai*" schreibt Professor David Biale:

> *„Fruchtbarkeitsvorstellungen sind mit der Vorstellung eines androgynen Gottes verbunden, … die Möglichkeit, dass Gott die ganze menschliche Konstitution spiegelt – und nicht nur seinen maskulinen Aspekt –, war schon für einige biblische Autoren eine Tatsache."*[39]

---

er ihnen Namen gebe. Indem er den Tieren und den fliegenden Kreaturen Namen gab, konnte Adam einen gewissen Einfluss auf sie auszuüben. Dieses Ereignis ist eine Erweiterung des Gedankens in Genesis 1,28.

[36] Siehe Exodus 6,4

[37] Bis zum heutigen Tag gibt es keine übereinstimmende Überlieferung seiner Bedeutung. Auch für die Übersetzung „Gott der Allmächtige" fehlt jeder Beweis und jede Rechtfertigung. *Schaddai* ist sehr, sehr alt, und das erklärt die Schwierigkeit, seine Bedeutung zu ermitteln. Im Aramäischen bedeutet *schaddai* „Der Starke". Die traditionelle englische Übersetzung *Almighty* (Allmächtige) ist eine Übertragung des lateinischen „omnipotent" der Vulgata, aus der die King-James-Bibel übersetzt wurde.

[38] Hebraisten leiten *el shaddai* vom akkadischen *schadu*, „Berg", ab, ein königlicher und göttlicher Titel „der Eine des Berges". Doch das ist reine Vermutung.

[39] Siehe Fußnote 18 auf Seite 67

JEHOVA – YAHWEH

Bevor wir die Erörterung des Namens *Yahweh* abschließen, lassen Sie uns den Namen *Jehova* betrachten, der von *yhwh* abgeleitet ist. Der Name *Jehova* entstand durch einen Übertragungsfehler des mittelalterlichen Gelehrten Petrus Galantius. Er war um 1518 n. Chr. der Beichtvater von Papst Leo X. Galantius, transkribierte *yhvh* in lateinische Buchstaben und kombinierte diese mit den Vokalen des hebräischen *adonai* (Herr) und schuf so den Namen *Jehova*.

Für die Hebräer war das Wort *yahweh* so heilig, dass sie es niemals aussprachen. Biblische Schriftgelehrte ersetzten *yhwh* jedes Mal, wenn sie es lasen, durch *adonai*.

Schlussfolgerung

Würde man neben der sachlichen Bedeutung des Begriffes „Gott" oder sogar einer Diskussion der Aspekte Gottes einen frommen Menschen aus dem Nahen Osten fragen, was für ihn Gott bedeutet, würde er weder mit theologischer noch mit philologischer Begrifflichkeit antworten. Er würde direkt und einfach sagen: „Gott ist mein Atem, mein Herzschlag und mein Leben." Für das fromme Bewusstsein eines nahöstlichen Menschen umgibt ihn der lebendige Gott und wacht über ihn wie ein Hirte über seine Herde. Das Lied des Psalmisten beschreibt dieses Bewusstsein und die Abhängigkeit von Gott sehr klar.

> Wie ein Hirsch lechzt nach den Wasserbächen,
> so lechzt mein Sein nach dir,
> O Yahweh![40]
> Mein ganzes Wesen dürstet nach dir,
> o lebendiger Gott!

---

[40] Der aramäische Text benutzt *mariyah* – „HERR". Meiner Übersetzung

3 • *Das uranfängliche Geheimnis*

Wann darf ich kommen, dein Angesicht zu schauen?
Tiefe schreit nach Tiefe
beim Klang deiner Wasserfälle.[41]

O Yahweh,
Du hast mich gründlich erforscht und kennst mich.
Du weißt, wie ich mein Leben führe.[42]
Du erkanntest meine Gedanken aus der Höhe.
Du kennst meinen Weg und Pfad,
du bist all meinen Wegen dicht gefolgt.
Gibt es irgendeine Änderung in meinen Worten,
O Yahweh,
so kennst du sie vollkommen,
von der ersten bis zur letzten.
Du hast mich gebildet
und deine Hand über mich gehalten.
Zu wunderbar ist solches Wissen für mich!
Es ist voller Macht!
Ich kann solche Macht nicht beherrschen!

Wohin soll ich gehen vor deinem Geist?
Oder wohin soll ich fliehen vor deiner Gegenwart?
Stiege ich hinauf in die Himmel,
bist du dort.

---

legte ich jedoch den hebräischen Text zugrunde, der YHWH verwendet, das gewöhnlich mit *Yahweh*, dem Namen des Gottes Israels übersetzt wird. Einige Wissenschaftler glauben, das aramäische *mariyah* sei eine Zusammensetzung von *mar*, „Herr", und der Abkürzung *yah* von Yahweh. *mariyah* könnte also ursprünglich „Herr Yah" bedeutet haben.

[41] Psalm 42,1–27

[42] Wörtlich lautet diese Textstelle: „Du kennst mein Hinsetzen und mein Aufstehen." Dies ist eine semitische Redewendung, die sich auf Lebensführung und Betragen bezieht.

Die Mysterien der Schöpfung

Stiege ich hinab in die Unterwelt[43],
siehe, du bist auch dort!
Erhöbe ich meine Flügel wie ein Adler
und nähme Wohnung am äußersten Ende des Meeres,
selbst dort wird deine Hand mich leiten,
und deine Rechte mich halten.[44]

---

[43] Hebräisch *scheol* ist die in der Bibel gebräuchliche Bezeichnung für den Aufenthaltsort der Toten und kommt 66-mal in ihr vor.

[44] Psalm 139,1–10

Teil Zwei

Die Schöpfungs-geschichte

Es ist richtig, dass die alten Hebräer, anders als die Griechen, kein herausragendes Talent für wissenschaftliche Gedanken zeigten. Dennoch ist es unglaublich, dass die Genesis früher als die griechischen Philosophen und Wissenschaftler zu einem Konzept von einem „Uni-versum" kam, das durch einen Willen erschaffen und somit von universalen Gesetzen der Natur bestimmt wurde.

Robert Gordis

Kapitel 4

Die Mysterien der Schöpfung

SCHÖPFUNG

Da war Bewegung.
Geheimnisvolle, mitfühlende
Winde
umschmeichelten langsam, sanft
die Masse.
Die Tiefe war aufgewühlt!
Da war Licht! Da war Finsternis! Da war Himmel!
Die Erde war geboren!
Bewegung war überall.

Klang wurde gehört.
Die Erde bewegte sich. Der Boden hob sich.
Die Berge gipfelten.
Da war Leben! Da war Grün!
Die Pflanzen kamen hervor aus ihren Verstecken.
Die Erde stöhnte. Die Bäume standen.
Bewegung war überall.

Leben wurde gefühlt.
Die Luft war ungestüm. Flug war in Bewegung.
Die Wasser waren unruhig. Es wimmelte in der See.
Bilder wurden gesehen. Die Formen waren verdichtet.

Die Mysterien der Schöpfung

   Die Erde fühlte ihr Gewicht.
   Bewegung war überall.

  Geheimnisse wurden enthüllt.
  Da war Hitze. Da war Leidenschaft.
  Der Kosmos glühte. Die Sterne grüßten.
  Da war Ordnung. Da war Intelligenz.
  Da war Frieden.
  Gott war überall![1]

DER BEGINN: GENESIS 1,1

Am Anfang schuf Gott das Firmament und die Erde.

Das hebräische und aramäische *breshieth*, „am Anfang", ist sowohl für den heutigen Leser als auch für die Linguistik ein Problem. Ist Genesis 1,1 ein selbstständiger Hauptsatz: „Am Anfang schuf Gott" oder ein temporaler Nebensatz zu 1,2 „Als Gott zu erschaffen begann"? Mit anderen Worten, es ist eine Frage der korrekten Kenntnis der hebräischen Syntax.

 Neben dieser Schwierigkeit konfrontiert Vers 1 den Leser mit einem weiteren Problem. Philosophisch wie theologisch lassen sich folgende Fragen stellen: „Wie kann es einen Anfang geben?", „Ist irgendetwas aus Nichts hervorgegangen?", „Gab es eine Zeit, in der Gott gar nicht wusste, dass er ein Universum erschaffen wird?" Das Problem wächst, wenn wir den Gedanken weiter untersuchen: „Kam dem Allwissenden plötzlich ein neuer Gedanke?", „Wie ist das möglich?", „Wenn das so war, dann muss es eine Zeit gegeben haben, in der Gott nicht wusste", „Wie kann dann *Elohim* allwissend sein?"

---

[1] Rocco A. Errico, *Schöpfung: Ein Gedicht*, Aramaic Bible Center, San Antonio 1976; Noorah Foundation, Costa Mesa 1986

4 • Die Mysterien der Schöpfung

Es gibt regalweise Bücher, Dissertationen und Erörterungen, die die verschiedenen Interpretationen des „Am Anfang" diskutieren. Die einen lehnen die traditionelle Übersetzung „Am Anfang" ab und bevorzugen „Als Gott zu erschaffen begann". Diese Übersetzung entspricht dem *En ma Eliš*: „Als oben". Viele Alttestamentler meinen, dass die traditionelle Übersetzung eindeutig nahelege, dass Gott das Universum aus dem Nichts erschaffen hat.

Andere Alttestamentler sind wiederum der Meinung, dass Genesis 1,2 auf die Existenz einer Art Ur-Substanz hinweise, die von Anfang an bestanden habe, und dass diese das Rohmaterial der Schöpfung gewesen sei. Das würde bedeuten, Gott habe das Universum aus „Etwas" erschaffen. Heute vertreten die Alttestamentler mehrheitlich den Standpunkt[2], Vers 1 sei ein Hauptsatz, ein Präfix der kosmologischen Erzählung.[3] Umberto Cassuto sagt dazu: „... der erste Vers ist ein unabhängiger Satz, der als formale Einleitung den ganzen Abschnitt konstituiert und gleich zu Beginn in majestätischer Kürze dessen Hauptgedanken formuliert: Dass am Anfang ... in der entferntesten Vergangenheit, die ein menschlicher Verstand erfassen kann, Gott das Firmament und die Erde erschaffen hat."[4]

Vers 1 ist der Anklang eines Loblieds auf den Schöpfer Himmels und der Erde. Wir wissen heute, dass es in den Kosmogonien der israelitischen Nachbarn keine vergleichbare Einleitung gibt. Genesis 1,1 ist neu und einmalig.

Dem Autor ging es nicht darum, einen genauen Zeitpunkt zu bestimmen. Für ihn zählte der Schöpfungsakt Gottes. Er wollte weder aussagen noch darauf hinweisen, dass Gott das Universum „ex nihilo"

---

[2] Eine wissenschaftliche und umfassende Zusammenfassung der bisherigen Diskussion findet sich in C. Westermann, a. a. O., Seite 130–136.

[3] Hierüber wird bis heute diskutiert.

[4] Umberto Cassuto, *A Commentary on the Book of Genesis: Part One, From Adam to Noah*, Seite 20

erschaffen hat, noch dass er eine schon vorhandene Ur-Materie als „Rohmaterial" für die Erschaffung des Universums benutzte.[5]

Sein Schwerpunkt war: Gott ist der Schöpfer des Himmels und der Erde. Sein Anliegen: Gott steht mit allem – von den Sternen des Firmaments bis zu dem kleinsten Insekt auf Erden und natürlich auch mit der Menschheit – in Beziehung.

„Am Anfang" besagt, dass das urzeitliche Geschehen tatsächlich zeitlos und unermesslich ist, ein Stadium, in dem es keine Zeit gab. Himmel und Erde sind der Schöpfungsakt *Elohims*, des transzendenten Gottes.

Der semitische Begriff „erschaffen"

Das aramäische und hebräische Verb *bra (bara)*, „erschaffen", ist ein altes semitisches Wort, dem der Autor den besonderen theologischen Sinn der Erschaffung *durch Gott allein*[6] gibt. Mit anderen Worten, durch die Anerkennung Gottes als Schöpfer sind wir angehalten, die Schönheit und die Erhabenheit von Himmel und Erde zu ehren, denn Himmel und Erde sind Gottes Werk. Poetisch gesprochen, errichtete Gott die Erde als sein Heiligtum und das Firmament als dessen Kuppel. Seine geheimnisvolle Gegenwart durchdringt seinen prächtigen Tempel.

---

[5] Dies sind Ideen aus der griechischen Philosophie und nicht Teil semitischer Gedankenwelt. Von diesen hellenistischen Ideen wurde Israel in seiner religiösen Geschichte erst sehr spät beeinflusst. Der Schöpfungsbericht der Genesis wurde weit vor diesem Einfluss verfasst. Siehe in Kapitel 1, dort unter „Die Datierung der Schöpfungsgeschichte", Seite 25

[6] Um den tieferen Sinn von *bara* zu illustrieren, könnte man das Substantiv „Gott" in ein Verb verwandeln, also: „Gott gottete". Der Mensch *erschafft*, aber nur Gott vermag *bara*.

4 • Die Mysterien der Schöpfung

Kausalität

Der aramäische Begriff *ithea*, „selbst existierend", ist ein anderer Name für Gott.[7] *Ithea* oder „Gott" übersteigt alles Erschaffene in Qualität, in der Essenz des Lebens und in der Basis der Ordnung. So können wir uns Gott auch als „den Absoluten" oder „das Absolute" denken. Alle Dinge sind von Gott erschaffen, existieren und sind manifest geworden. Alles besteht im Wesen fort und ohne Wesen existiert nichts. Das Universum und die Menschheit sind Manifestationen Gottes und Widerspiegelungen dieses absoluten Seins.

Der Schöpfer und seine erschaffenen Manifestationen sind untrennbar und ganzheitlich eins. Ich meine damit nicht die Lehre des Monismus, der die Unterschiede zwischen den verschiedenen Graden des Seins verwischt. Immer umschließt das Unendliche das Endliche. Es manifestiert „Erschaffenes", ohne sein allumfassendes Selbst zu verlieren. Das Prinzip ist: Gott ist die Einheit in der Mannigfaltigkeit. Zum Beispiel ist der Kopf eindeutig von den Füßen verschieden, und doch sind der Kopf und die Füße untrennbar eins. Mit anderen Worten, der menschliche Körper ist eine mannigfaltige Einheit.

Ich möchte unmissverständlich klar machen, dass ich hier keine subtile Form von Pantheismus meine. *Elohim* ist und handelt nicht wie die Götter und Göttinnen der mesopotamischen Mythen.[8] *Elohim* ist der transzendente Schöpfer, wohingegen die Gottheiten der Chaldäer immanent und integraler Bestandteil

---

[7] Siehe Kapitel 3, dort unter „Der Begriff ‚Gott'", Seite 73

[8] Mythen sind dramatische, sakrale Geschichten, die die Beständigkeit der Gesellschaft, der Sitten und Bräuche, der Zeremonien und des Glaubens der Gebiete bestätigten, in denen sie lebendig waren. Sie dienten auch dazu, etwaige Änderungen in den Sitten, Ritualen und im Glauben zu sanktionieren. Der Mythos funktionierte immer als bedeutungsvolle Bestätigung rätselhafter Gesetze, Rechte und sozialer Bräuche.

der natürlichen Ordnung waren, die diese vermeintlich beeinflussten. Zum Beispiel waren im babylonischen Mythos *En ma Eliš Apsû* eine männliche und Tiamât eine weibliche Gottheit. Sie waren Personifikationen der Urwasser „Chaos". Sie „zeugten" und „brachten" die anderen Gottheiten „hervor". Im *En ma Eliš* wie in den anderen babylonischen Mythen fehlt der Gedanke der Transzendenz, wohingegen die Schöpfungsgeschichte der Genesis Gottes Transzendenz und Unvergleichbarkeit nachdrücklich betont.[9]

Es mag schwierig sein, über ein selbst existierendes Prinzip in Begriffen nachzudenken wie: Gottes Ganzheitlichkeit, zeitlose Ewigkeit, die raum-und-größenlose Unendlichkeit. Ein selbst existierendes Prinzip hat keine Ursache. Es ist einfach, und das ist alles, was ist.

In der relativen Welt scheint es eine Kausalität zu geben. Wir nehmen ständig die Ereignisse als getrennte Vorkommnisse wahr, aber in Wirklichkeit gibt es keine Getrenntheit. Die heutige Physik weiß, dass das gesamte Universum beständig in Bewegung ist und erschafft und dass alles untrennbar miteinander verbunden ist. Sie lehrt uns, dass nichts getrennt oder unabhängig von etwas anderem wirkt. Außerdem lehrt uns die Quantenphysik, dass es auch auf den subatomaren Ebenen weder Ursache noch Wirkung gibt.[10]

Philosophische Kausalität

Alltägliche Paradigmen des Denkens haben die Welt zweigeteilt. Wir denken uns als Subjekt und die Welt als Objekt. Die Welt wurde ein Objekt unseres Verstandes. Wir sehen uns als getrennt

---

[9] Zum Thema „Unvergleichlichkeit Gottes" siehe Jesaja 40,25–26; 42,5 und 8–9; Psalm 89,6 und 12

[10] Siehe Fred Alan Wolf, *Der Quantensprung ist keine Hexerei (Die neue Physik für Einsteiger)*; siehe Bibliografie

von der Welt und betrachten die täglichen Ereignisse Stück für Stück. Deshalb denken und sprechen wir von Ereignissen und Objekten, als seien sie getrennt und unabhängig voneinander. Unsere selektive Wahrnehmung konzentriert sich – uns inbegriffen – auf einen scheinbar isolierten Aspekt der Wirklichkeit. Das ist einer der Gründe, warum uns Ereignisse als verursacht erscheinen. Dennoch gibt es nur ein einziges holistisches Geschehen.[11]

In der scholastischen Philosophie wird Gott als die „erste Ursache" (*prima causa*) bezeichnet, als die Substanz, das Sein, auf das alles Seiende zurückgeht. Aber das ist nicht die Aussage des Schöpfungsberichtes. Der Autor spricht nicht von „einer ersten Ursache". Dieser Gedanke geht auf Plato und insbesondere auf Aristoteles[12] zurück, der in Buch XII (Kapitel 7, 1076 a f) seiner *Metaphysik* von einem „ersten unbewegten Bewegenden" spricht. Thomas von Aquin hat diesen Gedanken im Rahmen der „Natürlichen Theologie" ausgebaut. Diese Vorstellung erreichte im 18. Jahrhundert als Hauptargument für die Existenz Gottes ihren Höhepunkt.[13]

Während der späten 1960er- und frühen 1970er-Jahren waren Dr. George Lamsa und ich von Zeit zu Zeit in langen Gesprächen mit dem Thema „Gott als erste Ursache" befasst. Eines Tages vermittelte er mir Wissen, das ich für meine Forschungsarbeit über die Vorstellung von Gott und Kausalität verwenden durfte. Hier folgt meine damalige Mitschrift.[14] Die Wörter in den eckigen

---

[11] Siehe Abraham J. Heschel, *Man is not Alone: A Philosophy of Religion*, „The World as an Object", Seite 38–40

[12] Der Geschichte des Nahen Ostens entsprechend, bezeichneten die Perser Gott als „die erste Ursache".

[13] Eine sorgfältige wissenschaftliche Darstellung der „ersten Ursache" bietet Paul Davies, *Gott und die moderne Physik,* dort unter „Erschuf Gott das Universum?"; siehe Bibliografie.

[14] Meine Mitschriften der Unterweisungen meines verstorbenen Mentors Dr. George M. Lamsa, den ich liebevoll in Aramäisch „Rabbi" nannte, sind bisher noch unveröffentlicht.

Klammern sind meine Einfügungen.

Gott ist nicht die erste Ursache, wie es einige Philosophen und Metaphysiker annehmen, denn, was aus einer Ursache hervorgeht, ist nicht ewig [absolut, unendlich], sondern subjektiv [relativ, endlich]. Gott ist ewig [zeitlos] und selbst-existierend. Er war immer und wird für immer und ewig sein. Als er nicht existierte und nicht im Universum manifestiert war, gab es keine Zeit. Mehr noch, die Sonne, der Mond und die Sterne sind von ihm [dem selbst-existierenden Prinzip] in ihrer Existenz abhängig. Sie sind da, um zu dienen. Ihre Kraft bekommen sie von Gott, um seiner Schöpfung zu dienen. Gottes Existenz kann nicht Grund einer Ursache sein. Wenn das so wäre, dann müsste Gott aufgrund von Umständen existieren, und das würde beweisen, dass, als er nicht existierte, es eine Zeit gegeben hat. Mehr noch, die Ursache wäre größer als Gott. Eine Ursache ist nicht das Wesen. Den Menschen wurden Gottes Existenz und Eigenschaften in der Fülle der Zeit offenbart. Aber das, was offenbart wurde, hat keinen Anfang. Seit in der Fülle der Zeit Gedanken geboren wurden, scheinen sie einen Anfang zu haben, aber die Wirklichkeit ist, dass sie ewig [zeitlos] sind. ... Andererseits, das, was ewig [zeitlos] und unwandelbar ist, kann nicht durch das, was in der Zeit gefangen und daher veränderbar ist, begriffen werden.

Mehr noch, eine Substanz oder eine Essenz kann nicht bestimmt oder mit Eigenschaften belegt werden. Demnach: Wenn Gott das Ergebnis einer Ursache wäre, dann besäße Gott keine Intelligenz, und die Ursache wäre größer als Gott. Dann wäre Gottes Existenz auf die Ursache zurückzuführen.

Wie eine Ursache das Ergebnis einer Folge ist, so ist eine Folge das Ergebnis einer Ursache. Ein Baum produziert einen Samen seiner Art, und eine Henne ein Ei, weil es zuerst ein Muster geben muss, um sich selbst zu reproduzieren.[15]

---

[15] Siehe Ernest S. Holmes, *Your Invisible Power*, „Truth has no cause and ... there is no effect external to It", Seite 58–59

4 • *Die Mysterien der Schöpfung*

Das Universum, in dem sich alles gegenseitig ergänzt

Die Physik spricht heutzutage von einem „sich selbst erschaffenden Universum". Thomas Berry[16], ein Theologe, der auch als „Tiefenökologe" bekannt ist, nennt die Erde einen „sich selbst regulierenden Organismus. Nach der Theorie der Quantenphysik brach das Universum spontan ins Leben hervor. Das Leben selbst handelt unverzüglich, gleichzeitig und unvermittelt.

Das zweite Gesetz der Thermodynamik besagt, dass Energie weder erschaffen werden noch verloren gehen kann. Sie kann nur in andere Formen von Energie umgewandelt werden. Während der Umwandlung einer Form von Energie in eine andere, geht keine Energie verloren. Im gesamten Universum ist nichts die Wirkung von etwas anderem.

Der verstorbene Zen-Meister Dr. D. T. Suzuki sagte: „Form ist formlos, und Formlosigkeit ist Form." Werner Heisenberg, der den Nobelpreis für seine Theorie der „Unschärferelation" erhielt, erklärt die Entstehung des Universums auf der Basis der „Unschärferelation" und nicht auf der Grundlage von „Ursache und Wirkung".

Die einen Physiker sagen, Materie habe zuerst existiert und Bewusstsein erzeugt, die anderen sagen, Bewusstsein sei vor Materie da gewesen und habe Materie hervorgebracht. Materialistische Philosophen verneinen die Existenz des Mind, während andere das physische Universum (Materie) als nicht real annehmen. Erstaunlich ist, dass die alten Chinesen, frei von westlichem Denken, nicht in Kategorien von „Entweder … oder" dachten. Orientalische Philosophen lehren, dass alles wechselseitig entsteht. Materie setzt nicht Bewusstsein voraus, so wie Bewusstsein nicht Materie voraussetzt; beide sind komplementär. Bewegen wir uns jenseits

---

[16] Thomas Berry (1914–2009) war ein US-amerikanischer katholischer Theologe und Kulturhistoriker. In seinen Büchern widmete er sich u. a. der „Tiefenökologie", einer spirituellen, „ganzheitlich orientierten" Umwelt- und Naturphilosophie. (Anm. d. Übers.)

des Entweder-oder-Denkens, können wir den Kosmos in seiner komplementären Form erkennen und wahrnehmen.

In der Realität ergänzen sich Alles und Nichts. Ohne Nichts können wir Etwas nicht haben. Auch Raum, so wie er uns als relative Distanz zwischen Objekten erscheint, ermöglicht Objekten, hervorzutreten. Andererseits geben Objekte Raum eine Dimension.[17]

Wie man sieht, ist es kaum möglich, in einer komplexen, dynamischen und sich ständig verändernden wissenschaftlichen Welt auf festen Vorstellungen und Meinungen zu bestehen.[18]

Ich fasse zusammen: Genesis 1,1 *breshieth*, „am Anfang", betont, dass die Schöpfung Gottes Werk ist und eben nicht einen Anfang in der Zeit meint. Für den semitischen Autor ist Gott nicht „die erste Ursache" und das Universum damit nicht verursacht, sondern von Gott erschaffen worden. Das Universum ist ein beständiges Ereignis – eine fortwährende, nicht endende Erschaffung. Es ist wie ein Baum, der aufgrund Gottes Schöpfungsaktes beständig Früchte trägt.

Gott

Der in der Schöpfungsgeschichte vorkommende Begriff „Gott", *Elohim*, hat für ihren Autor nicht dieselbe Bedeutung wie für uns Menschen der modernen westlichen Welt. Wir würden eine Menge Fragen stellen.[19] Für den Autor der Genesis-Geschichte

---

[17] Siehe Fred Alan Wolf, a.a.O., Seite 149, „Der Schöpfungsakt: Beobachtung", und Seite 153, „Der paradoxe Würfel"

[18] Weiterführend können Sie die Themen „Kausalität" und „Komplementarität" in Büchern studieren, die Sie in der Bibliografie aufgelistet finden.

[19] Zum Beispiel solch existenzielle Fragen wie „Gibt es einen Gott?", „Wie existiert Gott und warum?", „Ist Gott notwendig?", „Wer und was ist dieser Gott?", „Ist diese Schöpfungs-Gottheit die ‚erste Ursache'?" Solche Fragen würde der biblische Autor gar nicht erst stellen.

handelt Gott als Schöpfer und spricht das erschaffende Wort. Für ihn ist Gott kein Thema, das er untersuchen muss. Gott ist Schöpfungsakt und Wort an sich.

Für einen Semiten sind Wort und Tat eins. Die Äußerungen einer Person kennzeichnen sie und ihre Kraft. *Elohim*, Gott, i s t die Tat und das Wort. „Am Anfang war das Wort, und das Wort war immer bei Gott, und Gott war immer das Wort."[20] Anders ausgedrückt: Der Autor weiß, dass *Elohim* all das ist, was er über ihn sagt – der Schöpfer Himmels und der Erde.

Für Semiten war das Wort *Elohim* einfach ein Substantiv, wohingegen es für das hebräische Volk die Bezeichnung einer Gottheit oder der Gottheiten war. Für sie war er nicht nur „Gott", sondern bezeichnete so auch „Götter", „den Gott" und „die Götter". Sein Ursprung und seine Geschichte weisen weit in die Geschichte Israels und des Landes Kanaan zurück.[21] *Elohim* ist eine hebräische Variante des alten semitischen Begriffes für den einen Gott von vielen. Die Assyrer und Chaldäer benutzen zum Beispiel *ilu;* hethitische und ugaritische Texte *el*; südarabische Texte *il*.[22]

El war der Hauptgott des phönizischen Pantheons und wird in ugaritischen Gedichten aus dem 14. Jahrhundert v. Chr. oft erwähnt. Das Wort *Elohim* durchlief viele Bedeutungsstadien. Die Bedeutung in Genesis 1 ist das späteste Stadium dieser Entwicklung: *Elohim* als der eindeutige Gott, der einzige Schöpfer des Universums und der menschlichen Familie, Herrscher der Natur, Quelle des Lebens.

In hebräischen Sagen findet sich ebenfalls *Elohim*, wenn gesagt werden soll, dass Gott transpersonal, eine Abstraktion oder trans-

---

[20] Johannes 1,1; Aramäische Peschitta, Übersetzung: Errico
[21] Siehe Kapitel 3, dort unter „Der Begriff ‚Gott'", Seite 73
[22] Siehe Errico, *Es werde Licht,* Kapitel 8, „Die Namen Gottes" (Anm. d. Übers.)

zendent ist. Sie verbanden den Namen auch mit Sittenlehre, Gesetz und Gerechtigkeit. Gewöhnlich gibt *Elohim* einfach den Gedanken einer unbestimmten Gottheit wieder. Jüdische Schriftgelehrte nannten Gott aber auch Jahwe.[23] Zum Beispiel: „Der Herr, Er ist Gott", das heißt, „*Yahweh*, Er ist *Elohim*". Der semitische Name *Elijah* hat die gleiche Bedeutung: „Mein Gott ist *Yahweh*."

Himmel und Erde

Ganzheit wird in der Heiligen Schrift meist durch zwei gegensätzliche Begriffe ausgedrückt. „Himmel und Erde" ist ein solcher Begriff, innerhalb der Genesis und der Bibel eine gebräuchliche Formulierung für Ganzheit. In Genesis 1,1 drückt er darüber hinaus die Vorstellung der kosmischen Phänomene „Himmel und Erde" – zwei Pole – aus.

Was haben uns Verse 1 bis 3 zu sagen? Genesis 1,1 stellt fest, dass Gott alles erschaffen hat. Dieser Vers dient als Einleitung, und mit ihm ist schon alles gesagt. Unser Studium des ersten Kapitels der Genesis könnte hier also enden. Doch der Autor fährt in seinem Bericht fort. Erstaunlicherweise berichtet er in Vers 2 nichts über den Schöpfungsprozess. Er beschreibt nur die Umstände, in denen Gottes Handeln stattfindet. Vers 3 beginnt mit der Beschreibung des schöpferischen Ablaufes.

---

[23] Siehe Cassuto, *The Documentary Hypothesis,* Chapter Two and Three, „Divine Names and More about the Divine Names", Seite 15–41

4 • *Die Mysterien der Schöpfung*

Der Schauplatz: Genesis 1,2

Jetzt war die Erde Chaos, und Finsternis war über der Tiefe. Und der Geist Gottes schwebte mitfühlend [sanft bewegt] über den Wassern.

Das Bild, das sich uns zeigt, ist ein Schauplatz von übermächtiger Finsternis, Wassermassen und Chaos. Die Erde ist in einem Zustand ungeformter Ur-Materie. Alle Rohstoffe und Kräfte sind latent vorhanden. Finsternis herrscht, aber gleichzeitig schwebt eine Energie verleihende Lebenskraft über dem Urmeer. Die göttliche Gegenwart ist Herr der Lage und kann mit ihrem Werk beginnen.

Nun zu den semitischen Schlüsselbegriffen in Vers 2.

Chaotische Erde

Der erste Begriff ist „Chaos" – *toh w-boh* (Aramäisch) oder *tohu wabohu* (Hebräisch). „Jetzt war die Erde Chaos." Man versuchte, dieses Wortpaar mit einem mythischen Hintergrund in Zusammenhang zu bringen, und glaubte, *bohu* stamme von der sumerisch-babylonischen Göttin *Bau* (Gattin des Ninib-Ninurta) oder der phönizischen Göttin *Baau* ab. Doch diese Behauptung ist nicht haltbar. *Tohu wabohu* sind zwei semitische Substantive, die eine Vorstellung ausdrücken: Chaos. Chaos, Finsternis und Tiefe waren für die Israeliten – wie für die Menschen der damaligen Zeit überhaupt – eine grauenvolle, Furcht einflößende Vorstellung, der hier ganz bewusst das Handeln Gottes für den Menschen entgegengesetzt wird.

Cassuto interpretiert das Chaos wie folgt: „Gerade wie ein Töpfer, der ein wunderschönes Gefäß formen will, einen Klumpen Ton nimmt und ihn auf seine Töpferscheibe setzt, um ihn nach seinen Vorstellungen zu modellieren, so bereitete Gott die Ur-

---

[24] Umberto Cassuto, *A Commentary on the Book of Genesis, Part One*, Seite 23

Materie für das Universum vor."[24]

Der zweite Schlüsselbegriff ist „Tiefe". Sowohl das hebräische Wort *t-hom* als auch das aramäische Wort *t-homa* sind mit „die Tiefe" übersetzt worden, gemeint ist jedoch das Ur-Meer. Dieser gewaltige Ozean war überall. In den mesopotamischen Mythen standen Gottheiten für die Wassermassen, so zum Beispiel die babylonische, mythische Gestalt der Göttin Tiamât. In Genesis 1,2 ist die „Tiefe" keine Göttin, wie es überhaupt im hebräischen Schöpfungsbericht in den Elementen der Natur weder übernatürliche Gottheiten noch Mächte gibt. Er ist ein rein monotheistischer Schöpfungsbericht.

Der schwebende, teilnahmsvolle Geist

Unerbittliches Chaos, konstante Dunkelheit, endlose Wasser waren die Übel, die die Menschen des Nahen Ostens in Angst und Schrecken versetzten. Vers 2 stellt dem Schöpfungsakt ein ödes und bedrohliches Bild all dieser Elemente Gottes voran und schafft so zwischen Gottes Gegenwart und diesen gefürchteten Kräften einen starken Kontrast, der aber auch eine Vorahnung enthält. Alles ist finsterste Dunkelheit, die Materie ist ausdruckslose Form. Gottes Leben gebende und erhaltende Schöpfungsmacht schwebte über dem Ur-Ozean. Des Schöpfers dynamischer Geist symbolisiert sowohl Bewegung – das Grundelement von Veränderung – als auch das Gegenteil, Trostlosigkeit, verkörpert durch Finsternis und Tiefe.

„Schwebte" ist der dritte Schlüsselbegriff – Hebräisch *mrahpeth*, Aramäisch *mrahpa*.

Die semitische Wurzel *mrp* bedeutet „flattern, wehen" oder „schütteln, beben", nicht jedoch „brüten" und beinhaltet Bewegung, einen sanften Antrieb, aber auch „zitternd schweben". Im Aramäischen hat die Wurzel *mrahpa* auch die Bedeutung von „leidtun", „sorgen für" und „Mitgefühl haben". Wie ein Elternteil schwebt Gott mitfühlend über der chaotischen Masse. Dieses war der Erde eine Zusicherung für ein sinnvolles Dasein und künftige

4 • Die Mysterien der Schöpfung

Entwicklung.

Finsternis

Der Autor sagt weder etwas über den Ursprung der Dunkelheit, noch dass Gott sie erschaffen habe. Dennoch lässt Vers 1 darauf schließen, dass Gott die Finsternis erschuf, weil alles aus ihm hervorging. Der Prophet Jesaja führt die Existenz der Finsternis offensichtlich auf Gott zurück.[25] Der Satz: „Finsternis war über der Tiefe", will nicht objektive Beschreibung, sondern Darstellung eines Aspekts des der Schöpfung entgegengesetzten Zustands sein. Finsternis ist nicht als objektives Naturphänomen, sondern als das Unheimliche gemeint.

Für den modernen Menschen ist Finsternis nichts anderes als die Abwesenheit von Licht. Für die alten Weisen war die Dunkelheit Symbol für Übel, Grauen und Schrecken. Auch wir beschreiben heute die Dunkelheit mit der Farbe Schwarz. Sie steht für das Böse, Trauer, Unglück, Leid, Unwissenheit, Blindheit, Aberglauben und Mangel an Wahrheit. Aber diese Sichtweise ist relativ und nur die eine Seite von Dunkelheit.

Es gibt natürliche, universale Kräfte, die in sich und aus sich selbst böse sind. Positive und negative Mächte sind Erscheinungsweisen und beide sind notwendig in unserer dualen Welt. Finsternis und Dunkelheit haben auch eine andere Seite, die wir selten wahrnehmen. Nachfolgendes Gedicht über die Einzigartigkeit von Dunkelheit schrieb ich 1972:

> In der Dunkelheit des Mutterschoßes
> wird Leben empfangen.
> In der Dunkelheit des Erdreiches
> keimt die Saat.

---

[25] Siehe Jesaja 45,7

Die Mysterien der Schöpfung

> In der Dunkelheit des lichten Geistes
> werden Gedanken geboren.
> Dunkelheit ist die Ruhepause der Natur,
> die Zeit des Entstehens, des Brütens,
> der Verjüngung und der verborgenen Begegnung
> unsichtbarer Kräfte und
> ungesehener Wirklichkeiten.

Nur Licht und die Farbe Weiß bringen wir mit Gott in Verbindung, doch auch Dunkelheit und die Farbe Schwarz sind Ausdruck Gottes. Die Dunkelheit ist eine Metapher, die für Gott, die unerforschliche Quelle, den nicht Erkennbaren und den nicht Manifestierten steht. Frühe ägyptische Schriftsteller charakterisierten das erste Prinzip als Dunkelheit, weil sie jenseits aller einordnenden und rationalisierenden Konzepte liegt.

In der chinesischen Philosophie stellen Dunkelheit und Schwarz das Yin-Prinzip dar, die negative Aufnahmefähigkeit, die keinesfalls passiv ist, sondern empfänglich für aktive, positive Kraft. In der Elektrizität ist der negative Pol der weibliche Ladungsträger. Oberflächlich gedacht, setzen wir eine negative Kraft mit einer bösen Macht gleich. So ist es nicht. Alles Leben entsteht im schöpferischen Mutterleib (dunkle, negative Energie) und entspringt aus ihm.

Metaphorisch ist das Göttliche auch weiblich und darin ein Geheimnis. Ich verwende in der Beschreibung Gottes das Geschlecht ausschließlich metaphorisch. Es trägt dazu bei, das Geheimnis „Gott" wenigstens teilweise verstehen zu können. Dass biblische Autoren Gott als männlich beschreiben, bedeutet keineswegs, dass sie das weibliche Geschlecht ablehnen. Die Bibel kennt keine Frauenfeindlichkeit.

In bestimmten Fällen verwenden biblische Autoren die Dunkelheit in einer höheren, positiven Art und Weise. Zum Beispiel schildern sie Gott als von Dunkelheit, Wolken und Stürmen umgeben. „Und *Yahweh* sagte zu Mose: Ich werde zu dir in einer dichten [dunklen, schwarzen] Wolke kommen. ... Und es geschah am Morgen des dritten Tages, dass es donnerte und blitzte und eine dichte Wolke über dem Berg lag".[26] David bestätigt in einem Dankeslied die Vorstellung, dass Gott in der Finsternis wohnt. Poetisch sagt er in bildhafter Sprache: „Er machte die Finsternis zu seiner geheimen Zuflucht. Sein Zelt um ihn herum waren die Dunkelheit der Gewässer und die dicken Wolken des Himmels."[27]

Die Dunkelheit war in jenen Tagen „das Geheimnis aller Geheimnisse". So war es nur natürlich, dass Gott als in der Dunkelheit wohnend und von Dunkelheit umgeben dargestellt wurde. Leben ist ein bittersüßes Geheimnis, das gelebt, aber nie ganz gelöst werden kann.

Ich fasse zusammen: Vers 2 führt uns unmittelbar in das Geschehen göttlichen, schöpferischen Handelns hinein. Die ganze Szene pulsiert von mitfühlender, einfühlsamer Präsenz göttlicher Liebe und Intelligenz. Gott bewegt sich und erschafft inmitten der schrecklichen und beherrschend tintenschwarzen Finsternis. *... w-mar alaha: nehweh nuchrah. ...* **Dann rief Gott: Es werde Licht!**

---

[26] Exodus 19,9a und 16b; Aramäische Peschitta, Übersetzung: Errico
[27] 2. Samuel 22,12; Aramäische Peschitta, Übersetzung: Errico

Kapitel 5

Der Schöpfungsprozess

Göttliche Ordnung beginnt: Genesis 1,3–5

Dann rief Gott: Es werde Licht! Und es wurde Licht. Und Gott sah, dass das Licht schön war. So schied Gott das Licht von der Finsternis. Dann nannte Gott das Licht: Tag. Und er nannte die Finsternis: Nacht. Jetzt war es Abend, dann war es Morgen, Tag eins.

Das gebietende Wort

Mit „Dann rief Gott: Es werde Licht! ..." beginnt der Autor seine Beschreibung des Schöpfungsprozesses. Die Menschen jener Zeit glaubten, die Götter, Göttinnen und die Welt seien auf vier unterschiedliche Arten erschaffen worden.[1] Eine war die Erschaffung durch ein gebietendes Wort.

Die Vorstellung der Erschaffung durch das „Wort" finden wir auch in einer memphitisch-ägyptischen Kosmogonie.[2] Ptah, der höchste Gott von Memphis, erschuf alles durch sein Wort („Herz

---

[1] Siehe Kapitel 1, dort unter „Der antike Nahe Osten", Seite 29
[2] Siehe James B. Pritchard, *Ancient Near East*. Princeton 2011, Seite 1, „Egyptian Myths and Tales","The Memphite Theology of Creation"; siehe Bibliografie

und Zunge"). Dieser Bericht wird auf das Jahr 700 v. Chr. datiert und bezieht sich ausdrücklich auf das 2000 Jahre ältere Original, die Kosmogonie von Heliopolis, in der der Schöpfergott der Sonnengott Atum ist. Das „Wort" war die aktivierende Macht der Gedanken Ptahs. Seine „Zunge" war das Symbol für das gebietende Wort oder die Macht, und sein „Herz" (Geist, Seele, Verstand) bildete seine Gedanken ab.

Semitisches Denken

„Ein Mensch wird für das, was er sagt, geschätzt", ist ein sehr altes nahöstliches Sprichwort. Ein Wort trägt die Lebensenergie und das Wesen dessen, der es ausspricht. Ein gesprochenes Wort ist eine geheimnisvolle und kraftvolle Macht. Nahöstliche Menschen glauben, dass etwas sofort in dem Moment, in dem es ausgesprochen ist, wirkt. Deshalb finden wir in der Heiligen Schrift so viele Ermahnungen gegen leere Worte. Gottes schöpferischer Befehl ist wie eine Tat. Er erschuf das Licht, indem er es ins Leben rief.

Licht

Die Physik lehrt uns, dass Materie nichts weiter ist als durch Anziehungskraft eingeschlossenes Licht oder Energie. Das aramäische Wort *nuchra* bedeutet „Licht, Sicht, Einsicht, Glanz, Leuchten, Aufklärung, Erleuchtung, Verstehen". Licht ist das Wesen aller Substanz. Alles im Universum ist auf Licht reduzierbar. Alle Materie ist reines Licht, bevor sie sich als eine bestimmte Form wie zum Beispiel Bäume, Pflanzen etc. manifestiert. In jeder Form ist ein verborgenes Muster gegenwärtig. Dieses Muster ist das eigene Licht, das die individuelle Form hervorbringt.[3]

---

[3] Siehe Errico, *Es werde Licht,* dort in Kapitel 9, „Licht"

Die Mysterien der Schöpfung

Heutige Wissenschaft

Die moderne Kosmologie hat erkannt, dass der Ur-Feuerball, der Anfang des Universums, plötzlich da war. Alle vorhandene Materie und Energie ist eine direkte Folge des Erscheinens von „Licht", von dem Ur-Feuerball. Dr. Nathan Aviezer Professor und Vorsitzender für Physik an der Bar-Ilan Universität, Israel, sagt:

> *Die Urknall-Theorie erklärt, dass das Universum ursprünglich aus einer Mischung bestand, die aus dem Plasma und dem Licht des uranfänglichen Feuerballs gebildet wurde. Zu dem Zeitpunkt erschien das Universum wegen des Plasmas dunkel. Die plötzliche Verwandlung des Plasmas in Atome kurz nach der Schöpfung verursachte eine „Trennung" der elektromagnetischen Strahlung („Licht") des ur-anfänglichen Feuerballs vom bislang dunklen Universum, die nun frei im ganzen Weltraum leuchtete. Diese Abspaltung wird in der Wissenschaft Entkopplung genannt.*[4]

Die biblische Vorstellung von Licht

Die Finsternis stand urplötzlich unter Spannung und wurde mit Helligkeit überflutet. Der Schöpfer sprach das befehlende Wort und Licht erschien. Licht war notwendig, damit die schöpferische Arbeit in der Zeit geschehen konnte. Mit anderen Worten: Der Erschaffung des Lichtes zu Beginn des schöpferischen Werkes geht als Grundordnung die Zeit der Erschaffung der räumlichen Welt voraus.

---

[4] Nathan Aviezer, *Am Anfang, Schöpfungsgeschichte und Wissenschaft,* Seite 32. Wer sich für eine vollständige, moderne und wissenschaftliche Erläuterung von Schöpfung an sich und der biblischen Schöpfung interessiert, findet sie in diesem Buch; siehe Bibliografie

5 • Der Schöpfungsprozess

Die ersten drei Schöpfungsakte [sind] ... nicht etwas wie das Herstellen von Substanzen, sondern die grundlegenden Scheidungen. Die Scheidung von Licht und Finsternis ist nicht eine räumlich-substanzielle, sondern eine zeitliche. Die Erschaffung des Lichts ist diesen Scheidungen vorangestellt als Ermöglichung der zeitlichen Ordnung, in die hinein oder zu der ... die Welt geschaffen wird. Gott erschafft das Hellsein ...[5]

Ich wiederhole und erinnere daran, dass die biblische Schöpfungsgeschichte eine literarische und keine buchstäbliche Darstellung der Schöpfung ist. Der Autor überarbeitete alte, überlieferte Schöpfungsmotive und passte sie in einen Rahmen von sieben Tagen (heptadisches Prinzip) ein.[6] Die Zahl Sieben bedeutet „Vollkommenheit" und „Vollendung".

Das literarische Muster

Tag eins
Licht, die Scheidung von Licht und Finsternis in Tag und Nacht

Tag zwei
Firmament (Himmel), Scheidung der Wasser über und unter dem Firmament

Tag vier
Sonne, Mond und Sterne und ihre Verpflichtung, über die Jahreszeiten, Jahre und Tage zu herrschen

Tag fünf
Wasser voll wimmelnder Schwärme lebendiger Wesen, fliegende Wesen in der offenen Weite des Firmaments (des Himmels)

---

[5] C. Westermann, a. a. O., Seite 155 und 156
[6] Siehe in Kapitel 1, dort unter „Die Zahl Sieben", Seite 21 f., und Errico, *Es werde Licht*, „Die Sieben Schlüssel", Seite 17, und „Die Zahl Sieben", Seite 18

Tag drei	**Tag sechs**
Sichtbarwerden trockenen Landes, Pflanzen, Samen tragenden Krautes und von Bäumen, die Früchte tragen	Tiere des Feldes: Vieh, Kriechtiere, wilde Tiere des Feldes und Menschen

Tag sieben ist der Höhepunkt der beiden Drei-Tage-Sets, die einzigartige Parallelen enthalten und die nun erläutert werden.

Sechs Tage

Parallelität ist in semitischen Werken sehr wichtig. Im Schöpfungsbericht entsprechen der vierte bis sechste Tag den Tagen eins bis drei: 1.) Tag eins fügt sich zu Tag vier mit der Erschaffung von Licht, Nacht, Tag, Sonne, Mond und Sternen, als wären sie eine Einheit. 2.) Tag zwei und fünf gehören mit der Erschaffung des Firmaments, der Scheidung der Wasser, den Fischen, den fliegenden Wesen des Himmels ebenfalls zusammen und bilden eine Einheit. 3.) Tag drei und sechs sind mit dem Sichtbarwerden trockenen Landes, den Pflanzen, dem Samen tragenden Kraut und den Bäumen, die Früchte tragen, den Tieren des Feldes, dem Vieh, den Kriechtieren, wilden Tieren des Feldes und Menschen ebenso e i n Ereignis.

Fassen wir die sechs Schöpfungstage wortwörtlich als sechs Werktage auf, dann missverstehen wir den literarischen Entwurf des Schöpfungsepos. Der Erzähler schildert ein großartiges Ereignis in sechs kreativen Einheiten plus eine Einheit für erholsame Ruhe am siebten und letzten Tag. Gott ruhte nicht, weil er erschöpft war, sondern weil er sein Schöpfungswerk vollendet hatte. Menschlich gesprochen, war Gott mit seiner Schöpfung zufrieden. Der Psalmist singt: „Das Universum rühmt die Herrlichkeit Gottes, und das Firmament offenbart seiner Hände Werk. Tag für Tag ergießt sich die Botschaft und Nacht für Nacht enthüllt sich Verstehen."[7] Die Aufteilung der Schöpfungstage in sechs Werktage ist ein literarischer Kunstgriff, keine wortwörtlich zu nehmende Beschreibung der Schöpfung in sechs Werktagen. Auch wenn wir heute den Schöpfungsbericht mit naturwissenschaftlichen Erkenntnissen erklären können, geht es in ihm ausschließlich um Immaterielles. In dieser Geschichte ist das dominierende Thema: „Gott erschuf die Himmel und die Erde." In der Schöpfungsgeschichte gibt es weitere Ebenen – bedeutende und eher zweitrangige. Dennoch ist ihr wichtigstes Thema: *Elohim* ist Schöpfer.

Das Erscheinen des Lichts

Licht ist in den frühen mesopotamischen Kosmologien gewöhnlich die erste schöpferische Tat. In der ägyptischen Kosmogonie von Hermopolis erscheint Licht unmittelbar nach dem Chaos. Auch der biblische Schöpfungsbericht folgt dieser Ordnung mit dem großen Unterschied, dass das Licht im ägyptischen Bericht eine Gottheit, der Gott Ra oder Re ist, der über das urzeitliche Chaos scheint. In Genesis 1 ist das Licht jedoch eine Schöpfung *Elohims*.

Ursprüngliche Gesellschaften folgerten aus der Beobachtung, dass es vor Sonnenaufgang schon hell (licht) ist, dass das Licht (die Helligkeit) der Herold der Quelle „Sonne" sei.

Für chinesischen Philosophen repräsentiert Licht ebenso wie die Farbe Weiß das Yang-Prinzip, die männliche Energie, eine kreative, offene und positive Aktivität. In der Elektrizität ist der positive Pol die aktive Kraft, der männliche Ladungsträger.

In der Bibel ist Licht auch ein Symbol für Leben, Freude, Gerechtigkeit und Erlösung.[8] In Psalm 104,2 heißt es, Gott kleidet sich mit Licht: „Du hüllst dich selbst in Licht ein wie in einen Mantel."[9]

---

[7] Psalm 19,1–2; aramäischer Peschitta-Text, Übersetzung: Errico
[8] Siehe Psalm 49,20; 56,14; Ijob 20,26; Psalm 97,11; Psalm 27,1
[9] Aramäische Peschitta, Übersetzung: Errico

„Gut" oder „schön"?

„Und Gott sah, dass das Licht gut war."[10] Im Hebräischen bedeutet *tov* „gut". Die Aramäische Peschitta benutzt jedoch *shapira*, das 1. „schön" und erst 2. „gut" bedeutet. Im Aramäischen ist das entsprechende Äquivalent für das hebräische Wort „gut", *tawa*. Die Peschitta benutzt allerdings statt *tawa shapira*, „schön".

Warum? *tov*, „gut", hat drei Bedeutungsebenen. Es besitzt 1.) eine ästhetische, 2.) eine moralische Qualität und meint 3.) „gut" im Sinne von Aufgabe und Zweck. *Tov* wäre dann mit „wunderbar", „wohltuend" und „schön" zu übersetzen. Und genau das tut der Text der Aramäischen Peschitta, statt *tawa* verwendet er *shapira*. „Und Gott sah, dass das Licht schön war." Siebenmal sah Gott, wie angenehm und schön alles war.[11] Er war so beeindruckt von dem Schöpfungswerk der sechs Tage, dass der Autor Gott alles als überwältigend gut und schön sehen ließ. „Und siehe da: wie außerordentlich schön es war!"[12]

Einige wenige Kommentatoren meinen trotz obiger Interpretation, *tov* schließe eine moralische Qualität ein, und von dieser Stelle an sei das Böse eher moralisch als mythologisch[13] zu verstehen. Das bedeutet, der hebräische Autor hebt die sehr alte Vorstellung auf, der Schöpfung wohne das Ur-Böse inne. Für ihn ist die Schöpfung gut, weil Gott sie erschaffen hat.

Dunkelheit kommt ans Licht

Die Bibel sagt, Gott sah, dass das Licht gut war. Sie sagt nicht, dass Dunkelheit gut war. Der Grund hierfür ist, dass Dunkelheit aus dem Gleichgewicht geraten und damit in ihrer Macht über das

---

[10] Genesis 1,4a; Einheitsübersetzung und Luther
[11] Genesis 1,4, 10, 12, 18, 21, 25, 31
[12] Genesis 1,31; Aramäische Peschitta, Übersetzung: Errico
[13] Siehe Nahum M. Sarna, *Genesis, The JPS Torah Commentary*

Universum unaufhörlich und unerbittlich war. Eine chaotische Erde und unbegrenzte Wasser befanden sich in der Macht völliger Finsternis. Das plötzliche Erscheinen von Licht brach ihre hartnäckige Herrschaft. Sofort nahm Gott wahr, dass das Licht gut war. Und wieder müssen wir uns heute klar machen, dass es der Autor der Schöpfungsgeschichte war, der das Licht als „gut" bewertet, und nicht Gott.

Licht und Finsternis gleichen einander aus

Die Erschaffung des Lichts sollte die Finsternis nicht vertreiben, sondern ausgleichen. Helligkeit überflutete die Dunkelheit des urzeitlichen Chaos. Der Zyklus der Zeit begann, als diese beiden Entitäten, sich in der Folge gegenseitig ergänzend, zu Tag und Nacht wurden. Die Trennung (Unterscheidung) des Lichts von der Finsternis bringt den Pulsschlag und die Bewegung der Zeit in die Schöpfung.

Das Licht war schön, weil es die totale Verfinsterung ins Gleichgewicht brachte. Zu viel Licht kann andererseits ebenso abträglich sein wie zu viel Dunkelheit. Unerbittlicher Sonnenschein zum Beispiel lässt das Land austrocknen und führt zu einer öden Wüste. Auch Licht muss durch Dunkelheit in Balance gebracht werden. Wenn Gegensätze in Balance kommen, entsteht Freude.

Namensgebung – ein kreativer Vorgang

Namensgebung ist im Nahen Osten von größter Bedeutung. Für die Menschen Mesopotamiens hieß, keinen Namen zu haben, nicht zu existieren. Ein ägyptischer Schöpfungsmythos beschreibt die Zeit vor der Schöpfung als eine Zeit der Namenlosigkeit – „als noch nichts mit einem Namen benannt war". Das chaldäische *En ma Eliš* schildert sie als eine Zeit, in der im Himmel und auf Erden noch nichts einen Namen hatte. Folglich wird die Namensgebung zu einem schöpferischen Vorgang der Ordnung und

Unterscheidung einleitet. Da die Namensgebung ein schöpferischer Akt ist, hat derjenige Macht, der den Namen gibt. Als Adam im Garten Eden den Tieren einen Namen gab, wurde er zum Herrn über sie.

Im Schöpfungsbericht nennt Gott nicht nur Licht „Tag" und Dunkelheit „Nacht", er gibt auch dem Firmament den Namen „Himmel", benennt das Land „Erde" und die Ansammlung der Wasser „Meere". Auf diese Weise bringt der Autor Gottes absolute Herrschaft über Himmel und Erde und Zeit und Raum zum Ausdruck.

Abend und Morgen

„Tag eins", „Abend" und „Morgen" sind poetische Begriffe und Wendungen. Der Autor dramatisiert Gottes schöpferisches Handeln in sechs Szenen. Er benutzt „Abend" und „Morgen" und „Tag eins ... zwei ... drei ..." und so weiter wie einen Vorhang, der zwischen den Akten aufgeht und sich wieder schließt. Debatten und Auseinandersetzungen über den Sinn und die Bedeutung von „Abend" und „Morgen" sind unnötig. Sie kennzeichnen einen Abschluss und einen Beginn und nicht eine Periode von 24 Stunden. Es sind Metaphern, in denen das Ur-Ereignis geschildert wird. Auslegungsdiskussionen über die Bedeutung von „Abend" und „Morgen" lassen uns die Absicht des Textes falsch verstehen.

DAS FIRMAMENT: GENESIS 1,6–8

Dann rief Gott: Es werde ein Firmament inmitten der Wasser! Und schied die Wasser von den Wassern. So schuf Gott das Firmament und schied die Wasser unter dem Firmament von den Wassern über dem Firmament. Und so geschah es. Dann nannte Gott das Firmament: Himmel. Jetzt war es Abend, dann war es Morgen, Tag zwei.

5 • Der Schöpfungsprozess

Das aramäische und hebräische Wort *raqia* ist mit „Weite, Firmament, Himmelsgewölbe, Himmelsdom" übersetzt worden. Wörtlich bedeutet es „gestempelt, ausgehämmert, breitgehämmert [wie Metall]". Das deutet auf eine dünne, massive, transparente, ausgestreckte feste Platte hin, die ein festes Gewölbe oder eine Kuppel über der Erde bildet.[14] In Ijob 38,18 heißt es: „... wölbst du [Ijob] gleich ihm [Elohim] das Wolkenfirmament, das fest ist wie ein gegossener Spiegel?"

Da das Firmament wie eine die Wasser trennende transparente Wand wirkte, schrieben die frühen Hebräer die blaue Farbe des Himmels den chaotischen Wassern zu.[15] In ihrer Vorstellung ruhte das Firmament auf Säulen und besaß ein Fundament. In Ijob 26,11 heißt es: „Die Säulen des Himmels erzittern" und in 2 Samuel 22,8 „... die Grundfeste des Himmels erbebten".

Die Vorstellung von einem festen Himmelsgewölbe war bei den Naturvölkern allgemein verbreitet. Sie war die überlieferte Erzählung von der Erschaffung der Welt, die in den Schöpfungsbericht der Genesis einfloss. Sie entsprach aber keineswegs der damaligen zeitgenössischen Beschreibung der Welt.

In der Bibel wird mehrfach gesagt, dass sich über der Himmelsfeste der ur-anfängliche Ozean (Wasserfluten) befindet. In der Fluterzählung Genesis 7,11 strömt Wasser durch Öffnungen (Fenster) im Himmelsgewölbe auf die Erde.[16]

Sogar in der Offenbarung finden wir diese bei den Naturvöl-

---

[14] Etwas wie eine Glocke oder ein Dach. In Psalm 104,2b heißt es: „... der die Himmel ausspannt wie ein Zelt." Aramäische Peschitta, Übersetzung: Errico. Das Wort „Firmament" kommt vom lateinischen *firmamentum* und bedeutet „Befestigungsmittel, Stütze, Stärke". Anm. d. Übers.: Mit der Wurzel *firmare* 1. „fest, stark machen, 2. „sichern, stärken"; aus: *Der kleine Stowasser*, Schulwörterbuch

[15] Siehe Genesis 1,7 und Deuteronomium 5,8

[16] Siehe Genesis 7,11–12; 2. Könige 7,2, 19; 2. Könige 7,2,19

kern weitverbreitete Vorstellung. Sie erwähnt, dass die Himmel kristallklare Wasserfluten enthalten – ein „gläsernes Meer".[17]

Gott nannte das Firmament „Himmel" *(sky)* oder „die Himmel" *(heavens)*. Doch der Begriff „Himmel" hat eine breitere Bedeutung, indem er auf alles, was über der Erde ist, hinweist, einschließlich des Firmaments.[18]

Himmel

In vielen frühen nahöstlichen Mythen geht der Himmel aus einer Gottheit hervor. Im ägyptischen Mythos heißt es: „Als der Himmel von der Erde getrennt wurde, als die Götter zum Himmel aufstiegen …". Mit anderen Worten: Der Himmel war von allen Klassen von Göttern und Göttinnen bewohnt und der Bereich ihrer verschiedenen Tätigkeiten. Sie kämpften und brachten sich gegenseitig um. Göttinnen erweckten männliche Gottheiten wieder zum Leben. Sie schmiedeten Komplotte und intrigierten gegeneinander. Die himmlischen Räte trafen sich und beschlossen das Schicksal der Menschen.

Genesis 1 erklärt unmissverständlich, dass der Himmel ein Geschöpf Gottes ist, mehr nicht. Er wird zur „Kammer" der Winde, des Schnees, des Hagels.[19] Ihn bewohnen Sonne, Mond und Sterne. Er bietet den geflügelten Wesen Raum zum Fliegen. Der Autor besitzt eindeutig keine mythische Vorstellung vom Himmel.

Elohim erschafft im Schöpfungsbericht den Himmel nicht als seinen Wohnsitz und doch beziehen sich einige Bibelstellen auf

---

[17] Offenbarung 4,6

[18] Zu „Himmel", aramäisch *schmeja,* „als Methapher ... [für] die Vorstellung von Frieden Ordnung und Harmonie" siehe Errico, *Es werde Licht*, „Himmel" (Anm. d. Übers.)

[19] Siehe Ijob 37,9, 38,22; Psalm 135,7; Jeremia 10,13

den Himmel als Gottes Aufenthaltsort. Es sind metaphorisch gemeinte Vorstellungen sehr viel späterer israelitischer Poeten, Propheten und Autoren, die sehr alte Mythen und Traditionen benutzten, um ihrer poetischen, bildlichen und beschreibenden Redeweise über Gott Ausdruck zu verleihen.

Nach ihnen thront Gott im Himmel und trifft sich dort mit seinem himmlischen Hof. Er fährt mit den Wolken wie mit einem Streitwagen; die Erde wird sein Fußschemel, und er füllt die Himmel mit Barmherzigkeit und Erbarmen. All diese Wendungen sind Metaphern.

Wenn man den historischen Kontext des Schöpfungsberichtes bedenkt, hat der Autor den Himmel offenkundig und vollständig entvölkert. Der Himmel ist nicht länger eine Wohnstatt der Gottheiten oder höher gestellter Persönlichkeiten, und selbst Gott, der Schöpfer, hält es nicht für erforderlich, ihn zu bewohnen. Nichtsdestoweniger war es schwierig, den Himmel unbewohnt zu lassen. In vielen apokalyptischen und apokryphen Schriften wurde er mit Engelwesen, heiligen Männern und Propheten bevölkert. Hebräische Mythen und pseudepigrafische Literatur fördern die Idee mehrerer Himmel. Die häufigste ist die Vorstellung von sieben Himmeln.

Im Neuen Testament heißt es, „... kam der Messias aus dem Himmel herab". Der Himmel wurde auch zum Ort der Verstorbenen – eine sehr alte Vorstellung, die in Ägypten fest eingeführt wurde. Viele nahöstliche Religionen glaubten an ein Fortleben der Seele, die das Grab überdauerte. Den Himmel bewohnten berühmte Könige und Königinnen, ihre Verwandten, Diener und Sklaven.

Erde und Meer: Genesis 1,9–10

Dann rief Gott: Das Wasser unter dem Himmel sammle sich an einem Ort und mache trockenes Land sichtbar! Und so geschah es. Und Gott nannte das trockene Land:

Erde. Und er nannte die Ansammlung der Wasser: Meere. Jetzt sah Gott, dass es schön war.

Im Schöpfungsprozess gibt es drei Dinge, die nicht ausdrücklich erklärt werden: die Erde, die Dunkelheit und die Tiefe (Ozean oder Wasser).[20] Die einleitende Erklärung Genesis 1,1 sagt: „Am Anfang schuf Gott das Firmament und die Erde."[21] Siehe auch Genesis 2,1. Die Konsequenz aus Genesis 1,1 und 2,1 ist, Gott erschuf alles: die Erde, die Dunkelheit und die Tiefe. Der Autor macht jedoch keine Angaben über ihre genaue Entstehung.

Erzählt wird nur, dass Gott die Wasser in Meere teilte, um das Land sichtbar zu machen. Die Erde wird nicht beschrieben, sie wird ein „trockenes Land" genannt, eine weite, ausgedehnte Fläche, bereit, bewohnt zu werden.

Wie ihre nahöstlichen Nachbarn, so beschreiben auch die Hebräer die Erde als eine auf den Wassern schwimmende flache, runde oder auch viereckige Scheibe oder als ein ausgestrecktes Zelt beziehungsweise Gewand.[22] „Wie einen Schleier spannt er den Himmel aus, er breitet ihn aus wie ein Zelt zum Wohnen", heißt es in Ijob 40,22b. Über die Form oder Dimension der Erde erfahren wir nichts!

---

[20] Die heutige Naturwissenschaft hat mehrere Theorien wie die Erde, die Ozeane und Kontinente entstanden sind. Aber keiner weiß es wirklich. Auch wenn Raumsonden den Mond und den Mars untersuchten, gibt es dennoch keine allgemeingültige, feststehende Theorie oder Erklärung.

[21] Auch die Spitzenforscher der heutigen Physik können keinen exakten Schöpfungszeitpunkt nach den derzeit bekannten physikalischen Gesetzen nennen. „Ein augenblicklicher Schöpfungsmoment bleibt unerklärt", so Professor Allan Guth, Massachusetts Institute für Technologie, und Paul Steinhardt, Universität von Pennsylvania. Als sicher gilt, dass es ein Prozess war, der Milliarden von Jahren dauerte.

[22] Siehe Ijob 26,10, Jesaja 40,22 und Sprüche 8,27

LEBENDIGE ERDE UND LEBENDIGE PFLANZEN: GENESIS 1,11–13

Dann rief Gott: Die Erde lasse Pflanzen sprießen, Samen tragendes Kraut, jedes nach seiner Art, und auf der Erde Bäume wachsen mit ihren Samen darin, jeden nach seiner Art! Und Gott sah, wie es geschah. So ließ die Erde Pflanzen hervorsprießen, Samen tragendes Kraut, jedes nach seiner Art, und Fruchtbäume, die Früchte trugen mit ihren Samen darin, jeden nach seiner Art. Jetzt sah Gott, dass es schön war. Jetzt war es Abend, dann war es Morgen, Tag drei.

Gewöhnlich wird die Entstehung der Pflanzen nach der alten traditionellen Art und Weise des Nahen Ostens in einer eigenen Geschichte erzählt. Mesopotamische Autoren schildern den Ursprung des Menschen, des Himmels, der Erde und der Vegetation in drei getrennten Kosmogonien. Der hebräische Autor schildert die Erschaffung aller drei in einer Erzählung.

In Vers 24 schreitet die kosmische Erzählung fort und berichtet, dass das Erdreich (die Erde) dem Befehl *Elohims* folgt, Kräuter und Bäume, die lebenserhaltende Früchte tragen, hervorzubringen.[23] Gott, der Schöpfer, gibt den Pflanzen die Kraft, sich selbst zu vermehren. „Die Erde bringe hervor", bedeutet: „Lass, was in ihr ist, hervorkommen", und so geschieht es.

Hier wiederholt der hebräische Autor den Gedanken der Scheidung, das alte grundlegende Schöpfungsmuster. Die Vegetation ist in zwei Kategorien geteilt. Wieder verändert er das alte traditionelle Muster[24] der Pflanzenbeschreibung und gibt die

---

[23] Siehe auch Ijob 26,7, 38,13

[24] Frühere Schöpfungsberichte über Vegetation beschreiben die Pflanzen als Nahrung für den Menschen.

neue Vorstellung weiter: Gott gibt der Vegetation die Kraft – nicht die Fruchtbarkeisgöttinnen wie in den alten nahöstlichen Mythen –, sich fortzupflanzen und zu vermehren. Geschickt stellt der Autor die Ohnmacht der Fruchtbarkeitsgottheiten bloß: Die Fruchtbarkeit der Erde ist unabhängig von Göttinnen und Göttern.

Gott befahl dem Erdreich, Vegetation hervorzubringen, mit anderen Worten, die Erde war lebendig und reich an organischem Leben. Poetisch ausgedrückt, antwortet die Erde durch sprießende Pflanzen und Bäume gehorsam auf Gottes Wort. In meinem Gedicht „Schöpfung" gebe ich das Erscheinen der Erde und Vegetation wie folgt wieder.

> Klang wurde gehört.
> Die Erde bewegte sich. Der Boden hob sich.
> Die Berge gipfelten.
> Da war Leben! Da war Grün!
> Die Pflanzen kamen hervor aus ihren Verstecken.
> Die Erde stöhnte. Die Bäume standen.
> Bewegung war überall.[25]

LEUCHTENDE HIMMELSKÖRPER[26]: GENESIS 1,14–19

Dann rief Gott: Es werden Lichter am Firmament, um den Tag von der Nacht zu scheiden; sie seien Zeichen für Jahreszeiten, für Tage und für Jahre! Sie seien Lichter am Firmament, den Tag zu scheiden von der Nacht; sie sollen am Firmament scheinen, der Erde Licht zu geben! Und so geschah es. Und Gott machte zwei große Lichter, das

---

[25] Zum vollen Wortlaut des Gedichtes siehe Kapitel 4, Seite 85f.
[26] Siehe Errico, *Es werde Licht*, Kapitel 9, „Licht" (Anm. d. Übers.)

größere, über den Tag zu herrschen, und das kleinere, über die Nacht zu herrschen, und die Sterne. Und Gott vertraute sie dem Firmament des Himmels an, der Erde Licht zu geben und über den Tag zu herrschen und über die Nacht und das Licht von der Finsternis zu scheiden. Und Gott sah, dass es schön war. Jetzt war es Abend, dann war es Morgen, Tag vier.

Genesis 1,3 und 1,4 weisen Ähnlichkeiten auf. In Genesis 1,3 heißt es: „Es werde Licht", in Genesis 1,4 „Es werden Lichter". Der Abschnitt des vierten Tages ist deutlich länger als die Abschnitte der ersten drei Tage. Der Autor berichtet wiederholend und nacheinander von den Aufgaben der Himmelskörper und nennt ihre Funktionen. Sonne und Mond sollen vier grundlegende Aufgaben erfüllen: 1.) scheiden, 2.) Zeichen sein, 3.) Licht geben, 4.) herrschen. All diese Funktionen werden außer der 2. Funktion – Zeichen sein – wiederholt. Dieser vierte detaillierte Bericht ist sehr wichtig, weil Kanaaniter und Mesopotamier die Sonne und den Mond als elementare Gottheiten verehrten. Himmelskörper waren Götter. Sogar das Licht war eine Gottheit, zumindest war es ein Gott, der sich als Licht manifestierte. Es gab einen Sonnengott und eine Mondgottheit. Mit Bedacht vermeidet der Erzähler die Sonne das größere und den Mond das kleinere „Licht" zu nennen. Es heißt: „Und Gott machte zwei große Lichter, das größere über den Tag zu herrschen, und das kleinere über die Nacht zu herrschen, ..." Da Sonne und Mond als Gottheiten verehrt wurden, stellt der Erzähler die Himmelskörper geschickt als Grundelemente des Universums vor: Sonne und Mond sind keine Götter, sondern einfach „zwei große Lichter".

Wir erinnern uns: Am ersten Tag schuf Gott das Licht. Dieser Schöpfungsakt (Genesis 1,3) sollte zeigen, dass das Licht keine Gottheit ist, weder der Sonnengott noch die Morgendämmerung, sondern ein Geschöpf Gottes, für dessen Existenz der Schöpfer selbst, *Elohim*, verantwortlich ist. Mehr noch, am vierten Tag befahl Gott diesen Himmelskörpern zu erscheinen, um dem Licht, das er am ersten Tag erschaffen hatte, zu helfen.

In der hebräischen Schöpfungsgeschichte sind das Licht, die Sonne, der Mond und die Sterne ihrer Göttlichkeit beraubt. Diese natürlichen kosmischen Kräfte mussten nicht mehr gefürchtet oder verehrt werden. Anbetungsrituale, ihnen Segen zu entlocken oder ihnen zu opfern, um sie zu beschwichtigen und ihren Zorn gegen die Menschen zu zerstreuen, waren nun überflüssig.

Einige Wissenschaftler meinen, die Verse 16 und 17 („der Tatbericht" im Gegensatz zu den voraufgegangenen „Wortberichten") gehörten einer älteren Traditionsstufe an, da in Vers 14 und 15 nichts über die Herrschaft des Lichtes über Tag und Nacht gesagt werde. In der jüngeren Tradition, in Vers 14 und 15, heißt es: „Es werden Lichter am Firmamant, um den Tag von der Nacht zu scheiden; sie seien Zeichen für Jahreszeiten für Tage und für Jahre!" Der Erzähler beschreibt die Pflichten der Sonne, des Mondes und der Sterne in Bezug auf den Kalender.[27]

Es besteht eine gewisse Unsicherheit über die Auslegung von „Zeichen für Jahreszeiten". Sollen die Lichter dazu dienen, „Zeichen für festgesetzte Zeiten wie Tage und Jahre" zu sein? Oder sind „feststehende Zeiten" wie Neumond, Festtage, usw. gemeint? Uns entzieht sich, welche Bedeutung der Autor beabsichtigte.

---

[27] Ein Vergleich des babylonischen und des biblischen Berichtes über die Erschaffung der Gestirne findet sich in Westermann, a. a. O., Seite 182–186.

5 • Der Schöpfungsprozess

LEBEN IN BEWEGUNG

Lebewesen des Wassers und Himmels: Genesis 1,20–23

Da rief Gott: Das Wasser wimmele von Schwärmen lebendiger Wesen, und die fliegenden Wesen sollen über der Erde fliegen in der offenen Weite des Himmels! So schuf Gott große Drachen und Lebewesen, die sich regen, die die Wasser hervorbringen nach ihrer Art, und alle fliegende Wesen nach ihrer Art. Jetzt sah Gott, dass es schön war.

Dann segnete Gott sie und sprach zu ihnen: Seid fruchtbar und vermehrt euch und füllt das Wasser der Meere, und die fliegenden Wesen sollen sich auf der Erde vermehren! Jetzt war es Abend, dann war es Morgen, Tag fünf.

Dieser Abschnitt der Erzählung stellt etwas Neues vor, den Segen. Die Erschaffung von Lebewesen ist eine völlig andere Form der Schöpfung. Zum neuen Element des Segens passend, ändert sich das literarische Muster. Gott spricht das erschaffende und das segnende Wort. Er verfügt und die Wasser füllen sich mit Leben in Bewegung – „Lebewesen, die sich regen". Der Befehl lautet nicht, das Wasser bringe Schwärme von lebendigen Geschöpfen hervor, sondern nur, Lebewesen sollen im Meer vorhanden sein.

„Geflügelte Wesen" oder „fliegende Geschöpfe" verkörpern auch Leben in Bewegung. Der Erzähler berichtet von der Erschaffung der Wasser- und der fliegenden Geschöpfe als ein Schöpfungsvorgang, schildert aber nicht den Erschaffungsprozess.

Seedrachen

"So schuf Gott große Drachen ...". Das aramäische *tanniem* bedeutet "(See-)Drachen, Schlangen, Wale, Krokodile, Nilpferd, Seemonster". In der frühen israelitischen Geschichte war *tannien* der mythische Chaosdrache. Später wurde der Begriff ein genereller Hinweis auf größere Seetiere. Er bezieht sich auch auf das nördliche Sternbild Drachen, das zum Teil einen Halbkreis um den Kleinen Bären bildet.

Und wieder gibt der Autor des Schöpfungsberichtes eine einfache Erklärung: *tanniniem*[28] sind nichts weiter als große Seetiere, Seeungeheuer, und keine Gottheiten. Hebräische, ägyptische, kanaanitische und mesopotamische Mythen beziehen sich auf verschiedene Urgötter oder Ungeheuer: den Dragon, Leviathan (Meer), Behemoth (Erde), den Urvogel Ziz (Luft), die fliegende Schlange, die gewundene Schlange, die gekrümmte Schlange und viele weitere Ungeheuer. In der Bibel dienen sie als prosaisches Sinnbild des Bösen[29], werden von Weisen und Propheten aber auch poetisch verwendet.

"Schwärme lebendiger Wesen", "fliegende Wesen" in Vers 20 und "große Drachen" in Vers 21 haben eindeutig poetische Bedeutung. Auch wenn wir von Genesis 1 als dem Schöpfungs*bericht* sprechen, haben wir es mit einem Prosagedicht zu tun. Ich zitiere noch einmal einen Vers aus meinem Gedicht "Schöpfung".[30]

Leben wurde gefühlt.
Die Luft war ungestüm. Flug war in Bewegung.
Die Wasser waren unruhig. Es wimmelte in der See.

---

[28] Das hebräische *tannien* ist der Name des urzeitlichen Drachens, einer Gottheit der kanaanitischen Mythen aus Ugarit.
[29] Ijob 7,12, 40,15, 41,1; Jesaja 27,1, 51,9–10; Psalm 74,13–14
[30] Siehe Kapitel 4, Seite 85f.

Bilder wurden gesehen. Die Formen waren verdichtet.
Die Erde fühlte ihr Gewicht.

Der Akt des Segnens geht mit fühlenden Lebewesen Hand in Hand. Der Segen gilt hier ihrer Fruchtbarkeit und Vermehrung. Auf diese Weise erfüllt die Segnung die Erde mit Fruchtbarkeit und Überfluss. Übertragen bedeutet „Segen", keinen Mangel zu haben. Er wirkt „sich in Wachsen, Mehrung, Vielheit und Fülle ohne Einschränkung aus, und solche Mehrung und Fülle kann gar nichts anderes sein als Segen"[31]. „Die Weise des Gotteswirkens, die im Segen gemeint ist, ist die des Schöpfers, der seinen Geschöpfen Lebenskraft verleiht. Von dieser Lebenskraft zu reden heißt, vom Wirken des Schöpfers zu reden."[32] Gottes Segen schließt Tag fünf ab.

Geschöpfe der Erde: Genesis 1,24–25

Und Gott rief: Die Erde bringe lebendige Wesen hervor nach ihrer Art: Vieh, Kriechtiere und wilde Tiere des Feldes nach ihrer Art! Und so geschah es. Gott schuf die wilden Tiere des Feldes nach ihrer Art und das Vieh nach seiner Art und alle Kriechtiere nach ihrer Art. Und Gott sah, dass es schön war.

Der sechste Tag korrespondiert mit dem dritten Tag, dem Tag, an dem das trockene Land sichtbar wurde. „Die Erde bringe lebendige Wesen hervor" ist etwas anderes als „Die Erde lasse Pflanzen sprießen". In dem Abschnitt über die Vegetation hat die Erde teil am Schöpfungsprozess. In der Erschaffung sind die Tiere der Erde zugehörig. Der Schöpfungsgedanke des sechsten Tags ist bis auf

---

[31] C. Westermann, a. a. O., Seite 195
[32] Derselbe, a. a. O., Seite 194

die Segnung – sie fehlt – der gleiche. Alttestamentler vermuten, dass der Autor „den für ihn inhaltsschweren Satz" „Gott segnete" absichtlich nur dreimal nennt. Wir achten zutiefst die Felder, Bäume und den Boden unter unseren Füßen. Wir fühlen ihre Schwingungen und teilen mit ihnen den Gesang der Natur. Wir atmen den Sauerstoff ein, den sie erzeugen und der für uns lebensnotwendig ist. Beseelte Lebensformen sind für uns wertvoller als andere Lebensformen. Fische, geflügelte Wesen des Himmels, zahme und wilde Tiere, auch die kleinen Kriechtiere pulsieren mit uns und strahlen unsere Verwandtschaft aus. Der Autor achtet die Natur, hat tiefen Respekt vor ihr. Er überträgt den Lebewesen das Recht auf Leben und weist ihnen ihren Platz in der Schöpfung zu. Er fordert uns auf, ihre Würde als Mitgeschöpfe zu achten.

Die Tierwelt teilt den Segen Gottes mit den Menschen. „Und dann segnete Gott sie und sprach zu ihnen: Seid fruchtbar und mehret euch ..." (Genesis 1,28) Die unbeseelte Schöpfung erhielt diese besondere Segnung nicht. Die höheren Formen des Lebens sind zu mehr ausersehen und teilen dies mit den Menschen. Fische, geflügelte Wesen und die Tiere des Landes stattete Gott in einer Weise aus, die sie von allen anderen Formen der Schöpfung unterscheidet. Sie haben einzigartig teil an der Macht Gottes, neues Leben zu schaffen. Gott erklärte alles, was er erschaffen hatte, für „schön", aber die Tiere sind „*gesegnet* und schön".

Gott beauftragte das Wasser mit Leben, und es begann in ihm von Schwärmen lebendiger Lebensformen zu wimmeln. Dann gebot er den geflügelten Wesen, in den offenen Weiten des Himmels zu fliegen. Die empfindsame Erde begann, ihr Gewicht zu fühlen und die mit Beinen begabten Wesen, die über sie hinschritten. Gott erfüllte sein Heiligtum, die Erde, mit atmendem, beseeltem Leben. Alles war bereit, die menschliche Familie zu empfangen und zu unterstützen.

Das Gebet der Irokesen

Die Verse 24 und 25 der Schöpfungsgeschichte rufen das berühmte Gebet eines amerikanischen Indianerstammes ins Gedächtnis:

> Wir danken unserer Mutter, der Erde, die uns ernährt.
> Wir danken den Flüssen und Bächen, die uns ihr Wasser geben.
> Wir danken den Kräutern, die uns heilende Kräfte schenken.
> Wir danken dem Mais und seinen Geschwistern,
> der Bohne und dem Kürbis, die uns am Leben erhalten.
> Wir danken den Büschen und Bäumen, die uns ihre Früchte spenden.
> Wir danken dem Wind, der die Luft bewegt und Krankheiten vertreibt.
> Wir danken dem Mond und den Sternen,
> die uns mit ihrem Licht leuchten,
> wenn die Sonne untergegangen ist.
> Wir danken den Wolken, die uns Regen schenken.
> Wir danken der Sonne, die freundlich auf die Erde herabschaut.
> Vor allem aber danken wir dem großen Geist, der alles segnet
> und zum Wohl seiner Kinder lenkt.

KAPITEL 6

DER HÖHEPUNKT DER SCHÖPFUNG

DIE ERSCHAFFUNG DER MENSCHEN: GENESIS 1,26–27

Und Gott rief: Lasst uns Menschen machen nach unserem Bild, uns gleich! Und sie sollen herrschen über die Fische des Meeres und über die fliegenden Wesen des Himmels und über das Vieh und über alle wilden Tiere des Feldes und über alle Tiere, die auf dem Feld kriechen! So schuf Gott den Menschen nach seinem Bild, nach dem Bild Gottes. Er schuf ihn, Mann und Frau. Er erschuf sie.

Segen oder Trauma?
Diese Bibelstelle kann je nach Interpretation für die westliche Gesellschaft Segen oder Trauma bedeuten. Einige Historiker halten sie für die Wurzel der Umweltausbeutung und des Missbrauchs der Tierwelt. Der Autor scheint den Menschen eine herausragende Stellung zuzumessen, indem er sie als Gottes Ebenbild darstellt und ihnen das, was man als absolute Kontrolle (Herrschaft) auslegen könnte, über die Erde und ihre Geschöpfe zugesteht. Haben die Menschen absolute Macht? Ist die Menschheit herausragend?

Es gibt Interpreten, die glauben, der Mensch sei der Mittelpunkt aller Dinge und alles existiere zu seinem Nutzen. War das die Absicht des Autors? Sieht der biblische Schreiber die Menschheit als die Krone der Schöpfung? Eine sorgfältige Untersuchung dieser Bibelstelle wird die Fragen beantworten.

Eine Abweichung

Die Verse 26 bis 28 sind einzigartig und weichen deutlich von dem vorangegangenen Stil in Genesis 1 ab. Der Grund hierfür ist: 1.) war die Erschaffung des Menschen einmal eine selbstständige Schöpfungserzählung und wurde erst in einem späten Stadium mit der Erzählung von der Weltschöpfung verbunden. 2.) erschafft Gott den Menschen nicht durch das Wort, er bezieht sich selbst in die Erschaffung mit ein. Der bisherige eher unpersönliche Befehl: „Es werde ..." wird zur persönlichen Wendung „Lasst uns ... machen". Der Satz: „Und Gott sah, dass es schön war", der wie ein Rahmen jeden Tag abschließt, fehlt hier. Leicht verändert erscheint er in Vers 31, wo „alles", was er erschaffen hat, „überaus schön war". Diese Beurteilung gilt also nicht nur der Erschaffung des Menschen und der Tiere, sondern allen Schöpfungswerken der sechs Tage.[1]

Zu wem sprach Gott?

Wo immer ich in den Vereinigten Staaten oder Kanada einen Vortrag über Genesis 1 hielt, wurde ich gefragt: „Zu wem sprach Gott, als er sagte: ‚Lasst uns Menschen machen nach unserem Bild, uns gleich'?"

---

[1] Verse 26–29 berichten von der Erschaffung des Menschen. Vers 29b und Vers 30 stellen dem Menschen und den Tieren die gleichen Nahrungsmittel zur Verfügung. Siehe hierzu ausführlich C. Westermann, a. a. O. Seite 198, 199

Es gibt mehrere Interpretationen. Vielfach wurde angenommen, der Plural sei ein erster Hinweis der frühen christlichen Jahrhunderte auf die Trinität, die Dreiheit Gottes: Gott der Vater, der Sohn, der Heilige Geist. Doch diese These ist äußerst zweifelhaft. Die kirchliche Trinitätslehre war bis zum Konzil von Nicäa im Jahre 325 n. Chr. weder ausformuliert noch eingeführt. Als der Schöpfungsbericht der Genesis erschien, war der Monotheismus auf seinem Höhepunkt. Während der monarchischen Zeit hatten die Propheten in Israel einen radikalen Monotheismus vorangebracht. Aus diesem Grund hätte der semitische Autor Gott weder als dreieinigen Menschen beschreiben noch einen Hinweis auf seine Trinität oder dreieinige Natur geben können.

Weitere Interpretationen

Eine weitere Interpretation des Plurals „Lasst uns ... machen" ist: Gott schließt sich mit seinem Hofstaat, den himmlischen Heerscharen[2] zusammen. Doch dass der semitische Autor den Plural so gemeint haben könnte, ist aus zweierlei Gründen nicht möglich. Erstens kennt er die Vorstellung eines himmlischen Hofstaates nicht. Zweitens betont er die Einzigartigkeit *Elohims*, neben dem es keine irgendwie gearteten himmlischen Wesen oder Engel gibt.

Andere Kommentatoren meinen, dieser Satz wiederhole einen sehr frühen nicht israelitischen Mythos, in dem im Rat der Götter beschlossen wurde, Menschen zu erschaffen. Auch diese Auslegung kann nicht der Absicht des Autors entsprechen. Er sagt nichts über die Erschaffung von Engeln oder übernatürlichen Wesen (Gottheiten). Sein Hauptthema ist:

---

[2] Eine Reihe von Bibelstellen schildern den himmlischen Hofstaat, so 1. Könige 22,19; Ijob 1,6; 2,1; 38,7; Psalm 89,6–7. Einige Alttestamentler sehen eine Entsprechung von 1,26 zu Jesaja 6,8: „Wen soll ich senden, wer soll unser Bote sein?"

Gott allein erschuf die ganze Welt.

Elohim ist ohnegleichen und über allem (der Höchste). Im Himmel gibt es keine vermittelnden Heerscharen oder Hierarchien, nur „geflügelte Wesen" ergreifen von ihm Besitz.

Lange Zeit glaubten biblische Interpreten, dass „Lasst uns ... machen" ein *Pluralis Majestatis* ist. Heute haben die meisten Alttestamentler diese Erklärung völlig fallen gelassen. Der Schlüssel zum Verständnis von „Lasst uns" ist die grammatikalische Konstruktion: ein „Plural der Beratung"[3].

Plural der Beratung[4]

„Lasst uns" ist ein „Plural der Beratung, der Erwägung, der Selbstberatung". Umberto Cassuto nennt ihn den *plural of exhortation* (Plural der Ermunterung), „eine zunächst im Selbstgespräch aufgenommene Redeweise". „Wenn jemand sich selbst ermuntert, eine ihm gestellte Aufgabe zu erfüllen, dann benutzt er zum Beispiel den Plural: ‚Lasst uns gehen!', ‚Wir wollen uns erheben!', ‚Lasst uns Platz nehmen!' und Ähnliches mehr."[5]

In 2. Samuel 24,14 finden wir ein gutes Beispiel. „Lasst uns in die Hand des HERRN fallen, ... den Menschen aber möchte ich nicht in die Hände fallen." Der Kohortativ[6] beginnt im Plural

---

[3] Hebräische Linguisten nennen diese Verbform einen „Kohortativ". Der Konsonant *Nun* (n) tritt an die Stelle des stillen Konsonanten *Alef* und ist im Einklang mit den linguistischen Regeln des palästinensischen Aramäisch; es bedeutet: „lasst".

[4] Siehe Errico, *Es werde Licht*, Kapitel 8, „Die Einheit Gottes" (Anm. d. Übers.)

[5] U. Cassuto, *A Commentary on the Book of Genesis: Part One, From Adam to Noah*, Seite 55–56, und C. Wassermann, a. a. O., Seite 2000–2001; siehe auch Errico, *Es werde Licht*, Kapitel 8, „Die Einheit Gottes"

[6] Von lateinisch *cohortatio*, „Anfeuerung"; diese Verbform ermahnt, ermuntert oder schlägt vor. In der hebräischen Alltagssprache findet sie kaum Anwendung; sie ist literarisch beziehungsweise biblisch. (Anm. d. Übers.)

und endet im Singular. Ein anderes Beispiel finden wir in Genesis 11,7–8. Gott spricht: „Auf, steigen wir hinab ... Der Herr zerstreute sie ..." Wieder beginnt der Satz mit einem Plural und endet mit dem Singular, *Yahweh*. Der Plural der Beratung im Kohortativ ist in der Linguistik gut belegt und erklärt des Autors grammatikalische Anwendung.

Die Schöpfung in Genesis 1 ist demnach eindeutig ein göttlicher Beschluss. Göttliche Entscheidung ist im Nahen Osten ein bekanntes und gebräuchliches Schöpfungsmotiv, das der biblische Autor verwendet.

Gottes Ebenbild

„Und Gott rief: Lasst uns Menschen machen nach unserem Bild, uns gleich! Und sie sollen herrschen ..." Hier stellt sich erneut die Frage, die ich schon zu Beginn dieses Kapitels stellte: Will der Autor die Menschheit als herausragend würdigen? Maß er den Menschen uneingeschränkte Macht zu? Die einfache Antwort auf beide Fragen ist: Natürlich nicht!

Genesis 2,7 lässt das klar erkennen: „Dann formte *Yahweh* den Menschen aus dem Staub der Erde und blies den Odem des Lebens in seine Nase, und der Mensch wurde ein lebendiges Wesen."[7] Betont wird hier die Zerbrechlichkeit und Verwundbarkeit der Menschen, sind sie doch aus dem „Staub der Erde" gemacht. Die Ebenbildlichkeit Gottes ist nicht Ausdruck einer „Lordschaft", ein Adelsprädikat oder die Vergabe göttlicher Oberherrschaft an die Menschheit, sie ist sehr viel schlichter.

Deutlich und leidenschaftlich sieht der inspirierte Poet die Menschheit in einer einzigartigen Position und Verwandtschaft zu dem Transzendenten – *Elohim*, Gott. Das ist nichts Großartiges, wie man meinen könnte. Es ist eine würdigende Feststellung des

---

[7] Aramäische Peschitta, Übersetzung: Errico

Wertes des Menschen, insbesondere in seiner Beziehung zum Schöpfer. Wahr ist, die Menschen sind den Tieren verwandt, außerordentlich verletzlich und äußerst schädigend in ihrem Verhalten. Dennoch ist sich der Autor der Schöpfungsgeschichte der Summe der Fähigkeiten eines menschlichen Wesens vollkommen bewusst.

Ganz der Vater

Eine Gruppe biblischer Kommentatoren fragte mich einmal, was meiner Meinung nach die hebräische beziehungsweise aramäische Redewendung „nach unserem Bild, uns gleich" bedeute. Bevor ich antworten konnte, begann einer von ihnen eine Liste möglicher Bedeutungen vorzutragen. Bevor er enden konnte, unterbrach ich ihn: „Wenn ich diesen Vers frei wiederzugeben oder ihn aus einer einfachen Sichtweise zu interpretieren hätte, würde ich ihn folgendermaßen übersetzen: Dann rief Gott, lasst uns ihn ‚ganz der Vater' machen." Er war schockiert, wie vor den Kopf geschlagen über „ganz der Vater". Aber das ist genau das, was „nach unserem Bild, uns gleich" bedeutet. Gott schuf den Menschen nach seinem Bild, um mit seinen Kindern wie liebevoll sorgende Eltern kommunizieren zu können. Mit anderen Worten „Abbild und Ebenbild" seiner Schöpfung offenbart das Potenzial der Wechselbeziehung: Gott und menschliche Familie.

Eine menschliche Illustration

„Abbild" und „Ebenbild" sind Illustrationen, also abstrakt. Jeglicher Versuch, sie wörtlich zu nehmen, verkennt die Einfachheit. Meine freie Übersetzung von Genesis 1,26 „ganz der Vater" illustriert diesen Punkt klar und eindeutig.

Grundsätzlich besteht die Schwierigkeit darin, dass die eigentliche Erschaffung des Menschen verborgen bleibt, auch wenn die Wissenschaft einen Gencode nach dem anderen knackt. Weder wir noch der Autor wissen, wie Gott die menschliche Familie erschuf. Der Erzähler sagt schlicht: Gott erschuf die Menschheit nach seinem Bild, ihm gleich. Gott ist im Bild nicht vorstellbar, er ist immateriell und unsichtbar. Wie kann man Unbekanntes beschreiben? Am besten, indem man es mit Bekanntem beschreibt. Ein Mensch ist das berührbare und sichtbare Abbild Gottes, was nicht heißt, dass Gott ein körperliches Wesen ist. Der Gedanke „Abbild und Ebenbild" war nicht gedacht, um hinterfragt, sondern um auf einfache Art und Weise verstanden zu werden: Gott und Mensch können miteinander kommunizieren.

Unser transzendenter Ursprung

Die „Menschheit als Gottes Ebenbild" bedeutet, dass alle Rassen und Völker einen transzendentalen Ursprung haben, und beseitigt damit jegliche Vorstellung einer ethnischen Hierarchie.

Hebräischen Weisen war klar, dass diese Aussage die soziale Harmonie unterstützen sollte. Kein Volk oder Individuum kann als Vorwand eine einzigartige Abstammung in Anspruch nehmen, um seine Überlegenheit über ein anderes Mitglied der menschlichen Familie geltend zu machen. In der Mischnah[8] heißt es: „Die Menschheit wurde einzig und allein um des Friedens willen erschaffen, sodass niemand zu seinem Mitmenschen sagen kann: ‚Mein Vater ist größer als deiner.'" Und in einer anderen jüdischen Schrift heißt es: „Der Mensch ist geliebt, denn er wurde als Ebenbild Gottes geschaffen. Gottes Liebe war sogar noch größer: Er ließ den Menschen wissen, dass er als sein Ebenbild erschaffen wurde."[9]

---

[8] Die *Mischna* ist das erste kanonische Werk der mündlichen *Tora* und die erste größere Niederschrift. Sie wird allgemein als Gesetzeskodex bezeichnet.

[9] pirqêe 'avôt „Sprüche der Väter" 3,18

Leibliches oder geistiges Ebenbild?

Vers 26 und 27 enthalten zwei Schlüsselwörter: *zlma* und *dmutha*. *Zlma* ist das aramäische Wort für „Ebenbild". Es ist dem akkadischen *zalmu* verwandt, das die Bedeutung „Skulptur, plastisches Bild, Statue" hat. *Zlm* ist die semitische Wurzel und bedeutet ebenfalls „Bild, Abbild". Es kann auch „Götzenbild" bedeuten, und zwar eines in menschlicher Form, das für göttlich erachtet wurde.

Das aramäische wie hebräische *dmutha*, bedeutet „Ähnlichkeit, Gleichheit" („etwas, was gleicht") oder „Doppelgänger".

In allen anderen nahöstlichen Texten ist mit „Ebenbild" und „Ähnlichkeit" die körperliche Ähnlichkeit gemeint. Doch der hebräische Autor betont weder die körperliche noch die geistige Ähnlichkeit. Ihm geht es um die Beziehung zwischen Gott und der menschlichen Familie.

Alle anderen Schöpfungswerke Gottes (Licht, Wasser, Sonne, Mond Sterne, etc.) sind Seiner Hände Werk, das nicht mit ihm kommunizieren kann. Sie sind Sein schöpferischer Ausdruck – Wunderwerke. Der Mensch ist jedoch nicht nur ein Werk Gottes, er kann mit seinem Schöpfer in Verbindung treten. Das ist der entscheidende und wesentliche Unterschied zwischen Gottes Schöpfungswerken und der Menschheit.

„Jeder Mensch sollte wissen, dass er einzigartig ist und dass es seit der Erschaffung der Welt keinen gab, der so war wie er. Hätte es ihn gegeben, wäre er überflüssig gewesen. So ist jeder aufgerufen, seine einzigartigen Fähigkeiten zu vervollkommnen."[10]

---

[10] Rückübersetzung von Gunther Plauts Übersetzung ins Englische von: Martin Buber, *Die chassidischen Bücher*, Seite 157: „Baal Shem Tov." Schocken, Berlin 1927

Wissenschaftliche Schlussfolgerungen

Der Satz, dass Gott die Menschen nach seinem Bild geschaffen hat, findet ... ein so beharrliches Interesse wie wohl kaum eine andere Stelle im ganzen AT. Die Literatur dazu ist uferlos. Hierin zeigt sich eine Konzentration des Interesses ... auf die Frage: Was ist der Mensch?

Im AT selbst hat diese Aussage [Genesis 1,26, 27] eine solche Bedeutung nicht gehabt; der Satz begegnet uns abgesehen von Psalm 8 nicht wieder.

Seit Irenäus [geb. um 135 n. Chr.] haben sich sowohl Theologen als auch Philosophen die Frage gestellt, wie „Ebenbild Gottes" zu verstehen sei. Die Interpretationen sind so zahlreich, dass ich hier nur einige wenige nennen kann: Natürliche und übernatürliche Gottesebenbildlichkeit; Gottesebenbildlichkeit in der äußeren Gestalt; der Mensch als Stellvertreter Gottes auf Erden.[11]

Wie ich oben schon ausführte, stellte sich der hebräische Autor des Schöpfungsberichtes diese Frage nicht. Nach dem jüdischen Wissenschaftler Umberto Cassuto nimmt zwar das Wort „Ebenbild" irgendeine buchstäblich leibliche Bedeutsamkeit vorweg,[12] aber dennoch interpretiert er Ebenbildlichkeit auf einer geistigen Ebene. Die meisten Exegeten sind der Meinung, dass der Autor die Menschheit nicht in „körperlich" und „geistig" teilte. Tatsächlich kennt die hebräische Bibel eine Trennung zwischen „körperlich" und „geistig" nicht.[13] Abgesehen von den theologischen

---

[11] Eine gründliche Untersuchung der Geschichte der Exegese und Interpretationen von „Ebenbild" findet sich in C. Westermann, *Genesis*, dort: „Zur Auslegungsgeschichte von Genesis" 1,26–27, Seite 203–214. (Anm. d. Übers.)

[12] Siehe Umberto Cassuto, *A Commentary on the Book of Genesis, Part One, From Adam to Noah,* Seite 56

[13] Siehe C. Westermann, a. a. O., Seite 202

und philosophischen Interpretationen ist die Tatsache wichtig, dass „Ebenbild" und „Ähnlichkeit" eine abstrakte Vorstellung und nicht wörtlich zu nehmen sind. Der wesentliche Punkt von „Ebenbild" und „Ähnlichkeit" ist, dass der Autor diese Beschreibung als Mittel verwendet, das Gott und Mensch in Beziehung zueinander bringt.

Das Geheimnis

Während meiner Vorlesungen über die Schöpfung wurde ich oft gefragt: „Wenn die Menschen nach Gottes Ebenbild erschaffen worden sind, warum versagen sie dann so oft und sind ohne Hoffnung? Gewöhnlich antworte ich: „Die menschliche Natur ist ein Geheimnis. In unserer Essenz sind wir Geist und in unserem Ausdruck Mensch. Anders formuliert: Wir sind göttlich Mensch und menschlich Gott."

Als menschliche Wesen können wir uns in die höchsten Höhen emporschwingen und in die tiefsten Tiefen fallen. Wir wählen, ob wir unser Leben in Angst und Schrecken oder gelassen und ruhig leben wollen. Stark und sensibel werden wir geboren. Doch wir sind verletzlich. Wir besitzen die erstaunliche Fähigkeit, zu sein oder zu tun, was immer wir uns wünschen, aber auch die Fähigkeit zu irren. Es ist verhängnisvoll, dass „Fehlbarkeit" oft mit „Versagen" und „Sünde" gleichgesetzt wird. „Fehlbarkeit" bedeutet nicht, dass wir in unserer Essenz Versager sind. Und es ist falsch, „Fehlbarkeit" mit „Sünde" gleichzusetzen.

Unser heutiges Denken hat zwei gegensätzliche Götter erschaffen: den Gott des Erfolges und den Gott des Versagens. Sie haben Gott und den Teufel verdrängt. Den Gott des Erfolges beten wir an und opfern ihm uns selbst, unsere Familie, unsere Energie und unsere Zeit, um den Klauen des furchtbaren Gottes des Versagens zu entfliehen.

In unserer Kultur stehen wir unter dem Druck, verdienstvolle und außerordentliche Ziele erreichen zu müssen, Gewinner zu sein, uns gut zu kleiden und erfolgreich zu leben. Für sogenannt „fehlerhafte und fehlbare Geschöpfe" ist anscheinend kein Platz in unserem Leben. Fehler zu machen bedeutet nicht, dass der Mensch an sich eine Fehlkonstruktion ist, und verletzlich zu sein ist eine Eigenschaft des Menschen. Sie lehrt uns Demut und gibt uns Gelegenheit, Mitgefühl, Verständnis und Liebe für uns selbst und für andere wachsen zu lassen. Wenn Fehlbarkeit akzeptiert und nicht bekämpft wird, bahnt gerade diese Verletzlichkeit einen Weg des Mitgefühls, auf dem Furcht nicht länger unseren Mind dominiert. Haben wir das verstanden, werden wir frei – frei Fehler zu machen, ohne uns schuldig zu fühlen, uns zu schämen oder uns zu verdammen.

Wenn wir uns aufrichtig als Gottes Ebenbild verstehen, lernen wir, zu vergeben und uns aus der selbst auferlegten Unterdrückung zu befreien. Dann entdecken wir eine reiche, große innere Zufriedenheit. Wir erkennen, dass das Leben uns nichts aufzwingt, sondern uns voranbringt. Wir sind nicht länger Getriebene, sondern werden geführt.

Das uns innewohnende „Ebenbild" Gottes, unser Eins-Sein mit Gott ist das Fundament des Seins. Dieses Ebenbild ist keine Garantie für Vollkommenheit. Es ist eher ein Zustand des Miteinanders, in dem wir unseren Schöpfer erkennen. Er wird zum fruchtbaren Boden, auf dem jedes einzelne Herz, jeder Mind gedeiht und erhalten wird. Im folgenden Lied beschreibt der Psalmist Menschsein poetisch und treffend:

Was ist ein Mensch,
dass Du seiner gedenkst?
Und jeder Einzelne
dass Du ihn umsorgt hast?
Du hast ihn ein wenig geringer gestellt als die Engel
und hast ihn mit Pracht
und mit Herrlichkeit gekleidet.
Du hast ihm Macht gegeben

über das Werk Deiner Hände.
Du hast ihm alles unter die Füße gelegt:
alle Schafe und Ochsen,
die Raubtiere und das Wild
und die Vögel des Himmels
und die Fische im Meer und alles,
was auf den Pfaden des Meeres dahinzieht …[14]

Eine ganz und gar andere Sicht des Menschen findet sich im assyrisch-babylonischen Schöpfungsmythos. Hier heißt es: „Als Marduk das Wort der Götter hörte, beschloss er, ein großes Werk [wörtlich: „Kunstvolles"] zu schaffen. Ein Gewebe von Blut will ich machen, Gebein will ich bilden, um ein Wesen entstehen zu lassen: Mensch sei sein Name. Erschaffen will ich ein Wesen, den Menschen. Ihm auferlegt sei der Dienst der Götter zu ihrer Erleichterung."[15] Wie unterschiedlich sehen der Autor der Genesis und der Psalmist den von *Yahweh* erschaffenen Menschen! Der Mensch ist kein Diener, der den Göttern das Leben erleichtern soll, sondern Gottes Gegenüber, sein Ebenbild, das mit seinem Schöpfer kommunizieren kann.

Der Begriff adam

„So schuf Gott den Menschen nach seinem Bild, nach dem Bild Gottes, er erschuf ihn, Mann und Frau, er erschuf sie." Der semitische Begriff *adam* wird gewöhnlich mit „Mann" (ungeachtet des Geschlechtes), „Mensch", „Menschheit" übersetzt. Das aramäische *nasha* wie auch *adam* bedeuten „Mensch" oder „Menschheit". Die Wurzel des aramäischen Wortes kann „rot, Blut, rötlich, rubinrot" bedeuten. Das hebräische Wort für „Erde" ist *adamah*,

---

[14] Psalm 8,4–8; Aramäische Peschitta, Übersetzung: Errico
[15] *En ma Eliš,* Tafel VI, Zeile 1–9; zitiert aus: *Die Schöpfungsmythen,* Lizenzausgabe 1993 für die Wissenschaftliche Buchgesellschaft, Darmstadt, Seite 145

was besagt, dass „Adam" aus roter Erde war.

Manche Kommentatoren sind der Meinung, es bestehe ein enger biblischer Zusammenhang zwischen dem antiken Glauben an die magischen Kräfte der roten Erde und der Benennung des ersten Menschen in *Adam*, „roter Erdling, Erdgebundener".

Interessanterweise ist das englische Wort für „Menschheit", *humankind*. Das Wort „human", wie wir es im Deutschen gebrauchen, sowie das englische *human*, „menschlich, menschenfreundlich", ist dem lateinischen *humanus* entlehnt, dessen ursprüngliche Grundbedeutung „irdisch" ist, abgeleitet vom lateinischen *humus*, „Erde, Erdboden". Als „Humus" bezeichnet man wiederum den fruchtbaren Bestandteil der obersten Erdschicht.

Rote Erde enthält Eisenoxide, die sich durch Reaktion mit Sauerstoff bildeten. Auch hier besteht wieder ein tiefer Zusammenhang. Der „Erdling" kann ohne Sauerstoff nicht leben. Interessant ist, dass die Zellen der blau-grünen Algen zu den ältesten Organismen der Erde gehören. Sie produzieren Sauerstoff, von dem alles Leben abhängt.

Rote Erde

In vielen antiken Kulturen war der rote Ocker ein Symbol für Leben spendende Substanz.

Ocker ist eine der zahlreichen Farberden, die in der Malerei als Pigmente benutzt wurden.

Mit Ocker werden Farbtöne von Hellgelb, Goldgelb, Orange, Hellbraun bis Braun, Dunkelbraun bis hin zu Braunrot bezeichnet. Die Farberden sind eine Mischung aus Oxidhydraten, die meist einen hohen Anteil an Ton enthalten. Rot war die bedeutendste Farbe in der antiken Welt. Man brachte sie mit Göttlichkeit und der weltlichen Macht von Priestern und Königtum in Verbindung. Man benutzte roten Ocker, um das Böse abzuwehren, und so wurde diese Farbe zum Symbol des Bösen. Der Prophet Jesaja sagt: „... obgleich eure Sünden scharlachrot sind, ..."

Heutzutage wird in Indien roter Ocker sowohl bei Krankheiten als auch bei Hochzeiten verwendet. Bei gewissen afrikanischen Stämmen wird der Körper eines Kranken mit rotem Ton bestrichen und eingerieben. Bis heute ist der Glaube an die heilenden und magischen Kräfte der roten Erde lebendig.

Eine weitverbreitete Etymologie verbindet das akkadische *adamatu* mit *adam* oder *admu* – „Mensch", der dann später in der Bibel als der Name des ersten Menschen erscheint. *Adam* weist auf „rote Haut" oder die Farbe „rotes Dunkelbraun" hin. Andere Kommentatoren glauben, dass die Akkadier, die ersten Semiten im Irak, keine Weiße waren. Sie waren als „Schwarzgesichter" bekannt, sind aber mit den dunkelhäutigen Äthiopiern nicht zu verwechseln.

Mann und Frau

Der biblische Autor versteht unter Gottes „Ebenbild" beides: Mann und Frau. Der biblische Text lehrt keine Geschlechtertrennung. Dass der ursprüngliche Mensch anatomisch weibliche wie männliche Geschlechtsmerkmale hatte, ist ebenfalls nicht gemeint. Einige biblische Kommentatoren haben die Bedeutung von „Adam" als intersexuell interpretiert – eine Auffassung, die heute von den meisten Alttestamentlern abgelehnt wird.

Nach Genesis 1,27 bilden „männlich" und „weiblich" zwei klar zu unterscheidende Geschlechter. Dies ist ein wichtiger Aspekt der Schöpfungsgeschichte, für deren Autor Adam keinesfalls intersexuell war. Diese Vorstellung war eine spätere Interpretation rabbinischer und hellenistischer Denkrichtung, die sich nach Thomas W. Laqueur[16] bis Ende des 17. Jahrhunderts hielt. Laqueur

---

[16] Laqueur ist ein 1947 geborener amerikanischer Kultur- und Wissenschaftshistoriker. (Anm. d. Übers.)

nennt die Intersexualität das „Ein-Geschlecht-/Ein-Fleisch-Modell".[17] Nach diesem Modell wurden das weibliche und das männliche Geschlecht nicht als grundsätzlich verschieden gedacht. Für die Griechen war das perfekte Geschlecht männlich. Sie glaubten, dass der weibliche Körper eine geschlechtliche Deformation des männlichen Körpers sei.[18] Die Folge war die Herabsetzung der Frau, die die griechische Kultur beherrschte.

In fast allen alten Schöpfungsmythen spielte die Erschaffung der Zweigeschlechtlichkeit des Menschen eine wichtige Rolle. Nach Genesis 1,27b ist es „die äußerst abgekürzte Fassung der je besonderen Erschaffung von Mann und Frau …, in der die erzählerische Darstellung in diesem Satz abstrahiert ist". Auch hier hat der Autor der Schöpfungsgeschichte die alten Götter- und Göttinnenmythen transformiert. Damit führte er eine Veränderung im Denken über die Natur, die Menschheit, das Geschlecht und die Kultur herbei. Es besteht kein Zweifel, dass sich für ihn „männlich" und „weiblich" ergänzten. Demnach ist der Mensch ein Gemeinschaftswesen und muss „im Verstehen menschlicher Existenz wie auch in den Ordnungen und den Institutionen des menschlichen Daseins als ein zur Gemeinschaft Bestimmter gesehen werden". Das bedeutet auch, dass die Bibel keine speziell männlichen oder weiblichen Rollenmodelle und keine Polemik im Hinblick auf die Dynamik sexueller Energie kennt. „In einem für den Menschen wesentlichen Bereich besteht ein Vakuum.

---

[17] „Als Philosoph betonte Aristoteles zwei Geschlechter ‚männlich' und ‚weiblich'. Er betonte aber auch, dass das charakteristische männliche Merkmal unerheblich sei. Als Naturforscher legte er nach und nach die Unterscheidung der Geschlechter nach ihren Geschlechtsmerkmalen ab, sodass sie in einer Darstellung als *ein Fleisch* klassifiziert, eingeordnet und unterschieden werden konnten." Thomas W. Laqueur, *Making Sex: Body and Gender from the Greeks to Freud,* Seite 28

[18] Siehe Thomas W. Laqueur, *Making Sex: Body and Gender from the Greeks to Freud*, Kapitel 2, „Destiny is Anatomy", Seite 28 („Schicksal ist Anatomie")

Dieses Vakuum [in der Bibel], wurde im Grunde [zu hellenistischer Zeit] mit dem Komplex: Frauenfeindlichkeit, Leibfeindlichkeit [Puritanismus] gefüllt, der eine so große Wirkung auf die Entwicklung der westlichen Religion und Zivilisation hatte."[19]

Herrschaft

„Und sie [die Menschheit] soll über die Fische des Meeres und über die fliegenden Wesen des Himmels und über die wilden Tiere des Feldes und über alle Tiere, die auf der Erde gehen (kriechen) herrschen!"[20]

Vers 26b ist immer wieder falsch verstanden worden. Der Autor sagt hier nicht aus, dass die Menschheit die absolute Kontrolle oder Macht über die Natur und das Tierreich hat. Er gebraucht die herrschaftliche Redeweise der mesopotamischen Hofsprache. Diese Herrschaft bedeutet aber nicht, dass die Menschheit ein Recht hätte, die Natur auszubeuten.

Die Macht des Mensches ist von Natur aus nicht uneingeschränkt. Gott verlieh der menschliche Familie die Herrschaft über die Tiere, die sie mit seiner Gnade und nach seinen Gesetzen ausüben soll.

Man kann die menschliche Herrschaft mit der Herrschaft eines Königs über sein Volk vergleichen. Israelitische Monarchen waren verpflichtet, während ihrer Regierungszeit die göttlichen Gesetze in Verantwortung ihm gegenüber auszuüben. Sie hatten Gott Rechenschaft abzulegen. Ihre königliche Macht war begrenzt. Ebenso ist die menschliche Macht begrenzt. Die Mensch-

---

[19] Tivka Frymer-Kensky, *In the Wake of Goddesses: Women, Culture and the Biblical Transformation of Pagan Myth*, Kapitel 17, „Sex and Gender", Seite 198

[20] Genesis 1,26b; Aramäische Peschitta, Übersetzung: Errico

heit hat die Pflicht, die Umwelt zu hegen und pflegen, und muss darüber Rechenschaft ablegen. Obwohl die menschliche Familie über die Tiere herrscht, sollen sie ihr nicht als Nahrung dienen.[21]

Wenn wir die Bibel lesen, denken wir nur selten an ihren frühen nahöstlichen kulturellen Hintergrund, in dem man glaubte, die Natur, die Tiere und die Himmelskörper seien Gottheiten, die die Menschheit regierten. Auch in der Schöpfungsgeschichte spiegelt sich dieser Gedanke, nur dass hier die Natur und die Tiere ihren richtigen Platz erhalten. Sie sind keine Gottheiten. Sie sind Mit-Geschöpfe, die die Welt mit der Menschheit (*humanity*) teilen.

Während in den frühen Naturreligionen die Natur zwischen den Göttern und den Menschen steht, steht in der Schöpfungsgeschichte die Menschheit zwischen Gott und der Natur, er erhält die Herrschaft über sie. Dadurch ist eine Hierarchieordnung errichtet.

DER SEGEN: GENESIS 1,28

Dann segnete Gott sie und sprach zu ihnen: Seid fruchtbar und vermehrt euch und füllt die Erde und seid Herr über sie! Und herrscht über die Fische des Meeres und über die fliegenden Wesen des Himmels und über die wilden Tiere des Feldes und über alle Tiere, die auf der Erde gehen!

EIN UNMITTELBARER SEGEN

Hier spricht Gott den Mann und die Frau, die er gerade erschaffen

---

[21] Siehe Vers 29. Hier ist die Nahrung für die Menschen noch auf Kräuter, Samen, Pflanzen, Gemüse und Früchte beschränkt. Im Bund, den Gott mit Noah schließt, Genesis 9,3–4, wird Fleisch zu essen ausdrücklich erlaubt. „Alles Lebendige, das sich regt, soll euch zur Nahrung dienen. Alles übergebe ich euch wie die grünen Pflanzen. Nur Fleisch, in dem noch Blut ist, dürft ihr nicht essen."

hat, direkt an. Der transzendente Gott wird zum immanenten Gott. Diese Vorstellung erfüllt die Absicht von Vers 26: „Lasst uns Menschen machen *nach unserem Bild, uns gleich!*" Gott kommuniziert mit seinem Ebenbild. Heißt es in Vers 22: „Dann segnete Gott sie [die Tiere] und sprach", spricht Gott in Vers 26 *zu* seiner Schöpfung. „Sicher ist dieser Unterschied beabsichtigt; die Menschen können im Segenswort angesprochen werden, denn Gott hat sie zum Gegenüber geschaffen, das er anreden kann ... Es ist die Segenskraft, die sich in der Folge der Geschlechter auswirkt ..." Das urzeitliche Geschehen wird zum Präzedenzfall für alle Zeiten.

Der Segen für Mann und Frau „Seid fruchtbar und vermehrt euch und füllt die Erde" ist der typische Segen nahöstlicher Eltern für ihre Söhne und Töchter. Ich sehe und höre sie oft bei der Eheschließung zum Sohn oder zur Tochter sagen: „Seid fruchtbar und vermehrt euch."

In der Erzählung von Isaak und Rebekka veranschaulicht die Episode von Rebekkas Abschiednehmen auf sehr menschliche Weise den typisch nahöstlichen Segen für Fruchtbarkeit. Rebekkas Mutter hatte Rebekka gerade die Erlaubnis erteilt, mit dem Diener Abrahams mitzugehen, um Isaak zu heiraten. Rebekka will ihr Heim in Haran verlassen, und ein neues Leben mit ihrem Ehemann in Palästina beginnen. Rebekkas Mutter, ihr Bruder Laban und ihre Gäste – der Knecht Abrahams mit seinem Gefolge – waren versammelt. Mutter und Bruder geleiteten sie zur Tür. Dann streckten sie ihre geöffneten Hände nach oben, und gen Himmel blickend, riefen sie mit lauter Stimme Worte des Segens, die von den Anwesenden im Chor wiederholt wurden: „Werde Mutter von Tausend mal Zehntausend! Und deine Nachkommen sollen das Land ihrer Feinde erben."[22] „Tausendmal Zehntausend" ist ein Segen, der „seid fruchtbar und vermehrt euch" vervielfältigt.

---

[22] Diese ganze interessante Geschichte ist nachzulesen in Genesis 24,1–66.

Die Beherrschung der Erde

Kabash, „mit Füßen treten, zertreten", hat in der hebräischen Übersetzung in diesem Vers die Bedeutung „beherrschen". Zu viele Interpreten haben dieses Verb wörtlich genommen. Doch „beherrscht die Erde" bedeutet: „Bearbeitet die Erde", „Erschließt Land – übernehmt Verantwortung für die Erde". Deshalb waren die Arbeit oder die eigentliche Berufung (Begabung, Beruf) immer ein Segen und ein Teil der menschlichen Existenz. Keinesfalls bedeutet „beherrschen" oder „Herr sein über", unser Ökosystem, die Tiere zu misshandeln, auszubeuten. Sich so zu verhalten ist eine absolute Entstellung der biblischen Botschaft, die eine Ausbeutung der Schöpfung geradezu verbietet.

Die Menschheit hat die Herrschaft über die Erde, aber nur nach den Gesetzen und unter der Gnade Gottes; sie ist für ihr Handeln verantwortlich.

VEGETARISCHE ERNÄHRUNG: GENESIS 1,29–30

Dann sprach Gott: Siehe, ich habe euch jedes Samen tragende Kraut übergeben, das auf der Erde gepflanzt ist, und jeden Baum, der Früchte trägt mit Samen darin; sie sollen euch zur Nahrung dienen. Und allen Tieren der Erde und allen fliegenden Wesen des Himmels und allem, das auf Erden kriecht, das Leben hat [das ich gebe], dienen alle zarten grünen Pflanzen als Nahrung. Und so geschah es.

Diese Verse erklären, dass nicht nur die Menschen, sondern auch die Tiere der Urzeit sich von Pflanzen ernährten, also Pflanzenfresser waren.

Erst nach der Sintflut erteilt *Yahweh* die Erlaubnis, sich von Fleisch und Fisch zu ernähren.[23]

---

[23] Siehe Genesis 9,3–4; hierzu ausführlich Anmerkung 21, Seite 140

Der Abschluss des sechsten Tags: Genesis 1,31

Und Gott sah alles an, was er geschaffen hatte. Und siehe: Es war überaus schön! Jetzt war es Abend, dann war es Morgen, Tag sechs.

Wie im Abschnitt „‚Gut' oder ‚schön'" in Kapitel 5 dargestellt, hat *tov*, „gut", drei Bedeutungen: eine ästhetische, eine moralische und eine im Sinne von „Aufgabe und Zweck".

Gott verkündet am Ende der sechs Tage, dass all seine Werke in Erscheinung und Funktion überaus gut und schön sind.

Der Schöpfer schuf bestimmte Trennungen und Linien der Abgrenzung, die nicht überschritten werden sollten. Durch diese Ordnung wird so das Chaos zurückgehalten.

Die Schöpfung ist nun vollständig und im Gleichgewicht, und aus diesem Grund erklärt „Gott", dass alles gut ist. Diese Feststellung zieht sich durch die ganze Schöpfungsgeschichte, doch in diesem Vers ist sie durch „überaus" erweitert, und der Satz „… es war schön" erhält eine Steigerung, „… es war überaus schön!"

Wir verlieren oft den Blick für das Gute und Geordnete unserer Erde und Umwelt und glauben, wir müssten die verbotenen Grenzen ändern und überschreiten. Immer schmerzhaftere Konsequenzen sind die Folge. Die Menschheit hat das Tor zum Chaos geöffnet. Deshalb erscheint uns das Universum bedrohlich. Wir ignorieren, dass das Chaos beständig hinter Gleichgewicht und Harmonie gegenwärtig ist.

Gott der Herr erschuf die Welt in einem Stadium des Beginnens. Das Universum ist immer in einem unvollendeten Zustand in Form seines Anfangs. Es ist nicht wie ein Gefäß, an dem der Meister arbeitet, um es zu vollenden; es erfordert kontinuierliche Arbeit und Erneuerung durch schöpferische Kräfte. Wären diese nur für eine Sekunde eingestellt, würde das Universum ins Ur-Chaos zurückfallen.[24]

Ich fasse zusammen: Gott zerstörte die Dunkelheit nicht, sondern stabilisierte sie durch Licht. Dennoch ist das Chaos immer da. Und obwohl das so ist, ist die Schöpfung grundlegend gut. Sie ist für den Menschen geschaffen, und wir Menschen tragen in Verbindung mit den Gesetzen Gottes und deren Erfüllung die Verantwortung für unseren Planeten.

Der abschliessende Gedanke

Die fließende, rhythmische Erzählung neigt sich dem Ende zu; die sechs Tage sind abgeschlossen. Gott begutachtet nach Beendigung seines Kunstwerkes wie ein Meisterkünstler abschließend sein Werk:

> *Und Alaha [Gott] sah alles an, was er geschaffen hatte. Und siehe: Es war überaus schön!*
> *Und es wurde Abend, und es wurde Morgen, der sechste Tag.*[25]

---

[24] R. Simchah Bunam, zitiert nach Louis I. Newman, *The Hasidic Anthology*, Bloch, New York 1944, Seite 61

[25] Eine wörtliche Übersetzung von Genesis 1,31; Aramäische Peschitta, Übersetzung: Errico

KAPITEL 7

GOTTES ABSCHLUSSTAG

DER SIEBTE TAG: GENESIS 2,1–3

Und sie waren vollendet die Himmel und die Erde und all ihre Kräfte. Jetzt, am sechsten Tag, hatte Gott seine Werke vollendet, die er gemacht hatte. So ruhte er am siebten Tag von allen seinen Werken, die er geschaffen hatte. Dann segnete Gott den siebten Tag und heiligte ihn, denn er ruhte von all seinen Werken aus, die er erschaffen und gemacht hatte.

Wie in den Abschnitten „Die Zahl Sieben", Kapitel 1, und „Das literarische Muster", Kapitel 5, beschrieben, wird die Ordnung der Schöpfung anhand eines literarischen Musters von sieben Tagen – des heptadischen Prinzips – dargestellt: sechs Schöpfungstage, ein Ruhetag (6+1=7[1]). Doch der siebte Tag unterscheidet sich eindeutig von den sechs vorausgegangenen Tagen. Dieser Vers betont, dass Gott der Schöpfer *aller* seiner Werke ist. Der Mensch ist eindeutig der Höhepunkt des Schöpfungsberichtes. Sein Herz aber ist Gott, der Schöpfer. Dieser letzte Tag gehört allein ihm. Die Schöpfung beginnt mit Gott und endet mit Gott.

---

[1] Siehe in Kapitel 1, dort unter „Die Zahl Sieben", Seite 21, und in Kapitel 5, dort unter „Das literarische Muster", Seite 105

Genesis 2,1 nimmt Genesis 1,1 wieder auf: Gott als Subjekt seiner Schöpfung, Himmel und Erde als Objekt. Genesis 1,1 und 2,1 zusammen sagen aus, dass Gott das ganze Universum schuf.

Der hebräische Text sagt: „Vollendet waren die Himmel und die Erde, und all ihre Schar." Der Begriff „Schar" hat schon zu vielen Interpretationsversuchen angeregt. Eine sagt, dass „Schar" sich auf Engel beziehe. Doch diese Erklärung führt in die Irre. Das Wort „Schar" (im aramäischen Text steht: „Kräfte"), steht für die Sonne, den Mond, die Sterne und alle anderen Himmelskörper. Der Begriff wird auch in Bezug auf die Erde und die Kräfte auf ihr verwendet. Wichtig ist zu verstehen, dass „Schar" eine rhetorische Figur ist.

Der sechste Tag statt des siebten Tags

Die Aramäische Peschitta unterscheidet sich in Genesis 2,2 von der masoretischen Tanach. Im Aramäischen heißt es: „Jetzt, am *sechsten* Tag, hatte Gott seine Werke vollendet …", wohingegen er im masoretischen Text am *siebten* Tag sein Werk vollendete. Diese Version findet sich auch in den deutschen Übersetzungen.

Der aramäische Text ist jedoch nicht die einzige Übersetzung, die Gott sein Werk am sechsten Tag beenden lässt. Haben diese drei Übersetzungen absichtlich den sechsten Tag als Abschlusstag gewählt? Oder findet sich in den hebräischen masoretischen Handschriften auch schon der sechste Tag als Abschlusstag?

Darüber sind sich die Wissenschaftler nicht einig. Einig sind sie sich aber darüber, dass der Sinn hier nicht ist, Gott habe seine noch nicht vollendete Arbeit am siebten Tag zu Ende gebracht. Der hebräische Text meint schlicht: Als der siebte Tag anbrach, hatte Gott sein Werk bereits abgeschlossen. *Mit dem siebten Tag* war das Werk also vollendet. Das ist die semitische Art zu denken.[2]

Der Ruhetag

Viele Menschen sind bei dem Gedanken, dass Gott von seiner Arbeit ausruhte, amüsiert – sie nehmen den Text wörtlich. Sie beachten nicht, dass der siebte Tag die menschliche Beschreibung des Endes eines Urgeschehens ist.

Es ist wichtig zu verstehen, dass der siebte Tag die beendete schöpferische Arbeit feiert. Der Ruhetag ist in frühen Schöpfungsgeschichten ein verbreitetes Motiv. Seine Bedeutung liegt darin, dass der Schöpfergott in das abgeschlossene Werk nun nicht mehr eingreift, um die hergestellte Ordnung nicht zu stören.

Viele Übersetzer geben das hebräische Verb *wayyishboth,* „und er ruhte", mit „er ruhte aus", „er beendete" oder „er enthielt sich" wieder. Das aramäische Verb *wittnieh*, „und er ruhte", ist von der Wurzel *nwh* abgeleitet, die „aufhören, beruhigen, befriedigen, erfüllen" bedeutet.

Der Heilige Tag

Die Menschen sind nicht der Mittelpunkt des Schöpfungsberichtes. Der Bericht endet mit dem Segen und der Heiligung des siebten Tages. Die Erzählung betont die Herrschaft Gottes und dass er die Erde, auf der wir leben, schuf. Die Erde gehört nicht den Menschen, denn sie haben sie nicht erschaffen.

Der Segen in Genesis 2,3 ist anders als der in Genesis 1,22 und 28 beschriebene Segen. „Dann segnete Gott den siebten Tag und heiligte ihn … ." Dieser Segen richtet sich an die Zeit. Der siebte Tag wird hervorgehoben und mit einer besonderen, eigenen Dynamik ausgestattet – Gott als Souverän über die Zeit. Gottes Souveränität über den Raum offenbart sein schöpferisches Werk.

---

[2] Siehe U. Cassuto, A *Commentary on the Book of Genesis, Part One: From Adam to Noah,* Seite 61–62, der für diese Redewendung eine ausführliche Erklärung mit Beispielen gibt.

Das aramäische *qadeesha* bedeutet „heilig, geheiligt, weihen, reservieren, erquicken". Die semitische Wurzel ist *qdsh*, „Gesondertsein", „Heiligkeit".

Es ist leicht erkennbar, dass der Mensch das göttliche Muster imitiert. Für gewöhnlich „reservieren" uns einen freien Tag pro Woche, an dem wir uns erholen.

Ein Rückblick auf den Schöpfungsepos

Ich denke, der Autor von Genesis 1,1 bis 2,3 hatte nicht die Absicht, diesen Bericht das letzte Wort über die Schöpfung sein zu lassen. Wir wissen jetzt viel über den historischen Hintergrund dieser Komposition. Der Erzähler ist beides, Empfänger und Weitergebender der alten nahöstlichen Geschichten, Mythen und Sagen. Er lebte in einer Atmosphäre der Traditionen, die er weitergab. Fraglos hat er einige von ihnen überarbeitet und umgedeutet, andere gab er originalgetreu wieder. Bevor dieses Epos Teil des alttestamentlichen Kanons – des *Tanakh* – wurde, gab es viele andere israelitische und nicht-israelitische Schöpfungsgeschichten, der Autor war also nicht der erste Poet einer Schöpfungsdichtung. Er dachte nicht in der wissenschaftlichen Terminologie oder theologischen Begrifflichkeit unserer Welt heute. Auch konnte er nicht im Mindesten ahnen, dass seine Schöpfungsgeschichte eine solche Kluft zwischen der Wissenschaft und dem Glauben schaffen würde, wie sie heutzutage existiert. Obwohl der Schöpfungsbericht zeitlos ist, schrieb er ihn ausschließlich für seine Zeit.

Der Erzähler beraubte Himmel und Erde ihrer Gottheiten. Er öffnete sie der menschlichen Forschung und legte eine große Verantwortung auf die Schultern der menschlichen Familie.

Gottheiten stehen jetzt nicht mehr als Erklärung für das Universum und seine Kräfte zwischen Mensch und Natur. Die Menschen konnten nun ihre Welt ohne diese mysteriösen Gottheiten erforschen, entdecken und erklären.

Monotheismus und Polytheismus

Im Gegensatz zu polytheistischen Schöpfungsgeschichte stimulierte und rief das monotheistische Schöpfungsepos eine neue Form rationalen Denkens hervor. Nach Max Weber können wir für das Gedankengut der Bibel dankbar sein, es half, die Wurzeln des westlichen wissenschaftlichen Denkens zu begründen.[3]

Im Polytheismus sind die Götter keineswegs souverän. Sie werden durch eine höhere Ordnung kontrolliert – eine übergöttliche, unpersönliche Macht. Im Monotheismus regiert Gott allein. Er ist beides, transpersonal und persönlich. *Elohim* handelt transpersonal, indem er sich in die Natur nicht mehr einmischt – Genesis 2,2. In Genesis 1,26 bis 28 handelt er persönlich, indem er die Menschheit, „sein Ebenbild, ihm gleich", direkt anspricht.

Weiter oben sagte ich bereits, dass die Schöpfung ein Mysterium ist. Der Autor von Genesis 1,1 bis 2,3 erklärt die Schöpfung nicht, nimmt ihr nicht das Mysterium. Vielmehr preist und verherrlicht er *Elohims* Majestät, die sich in seinem großartigem Schöpfungswerk zeigt. Er schildert und lehrt Ehrfurcht vor dem unlösbaren Geheimnis der Schöpfung und des Lebens.

Unsere Naturwissenschaften – menschliche Versuche, das Urereignis zu beschreiben – können die Fülle und Weite des Universums oder das Wunder des Auftretens des Menschen nicht erklären. Das Universum und die Erde, auf der wir leben, sind nicht zu begreifen, sie sind unergründlich und unbeschreiblich. Darum werden uns das Herz und das Geheimnis unseres Universums vorenthalten.

Genesis 1 lehrt uns nicht, an Gott zu glauben. Vielmehr erzählt es uns eine Geschichte, die der ganzen menschlichen Familie gehört. Der Autor benutzt den allgemeinen Begriff für „Gott", *Elo-*

---

[3] Max Weber, *Religion und Gesellschaft;* siehe Bibliografie

him. Obwohl er ein Israelit ist, ist seine Erzählung nicht durchdrungen vom Namen seiner nationalen Gottheit, *Jahwe*. Allerdings verbinden spätere biblische Autoren den transpersonalen Schöpfergott in Genesis 1 mit ihrem nationalen Gott – *Jahweh*. Hier hat der Autor den spezifischen Namen Gottes bewusst weggelassen. Sein Bericht umarmt die ganze Menschheit und nicht nur die hebräische Nation. Er betont die Universalität des Schöpfers und der Menschheit.

Menschliche Verantwortung

Genesis 1 führt die Menschheit in ihre Verantwortung für die Erde und ihre Umwelt. Der Parameter unserer Existenz ist und war immer die Erde. Was wir mit unserer Umwelt und mit uns selbst machen oder auch nicht, kehrt immer zu uns zurück. Die Bibel sagt, dass die Erde und nicht der Himmel unsere Bestimmung ist. Zuvorderst sind wir Menschen *(humans)*[4], das heißt irdische Wesen mit einer spirituellen Dimension unseres Seins. Genesis 1 berichtet, dass Gott den Menschen befähigte, seine Verpflichtung der Welt gegenüber zu erfüllen. Für Freude und Qual, die wir hier auf der Erde schaffen, tragen allein wir die Verantwortung. Genesis 1 berichtet auch, dass alle Dinge eine Bedeutung, einen Sinn, eine Absicht und ein Ziel haben. Darum heißt es: „Es war überaus schön."

Werden wir unsere Bestimmung erkennen? Werden wir unser Recht, die soziale Weltordnung zu verbessern, ausüben, sodass wir wie Gott sagen können: „Es ist überaus schön"?

---

[4] Das Wort „human" stammt von der indogermanischen Wurzel *ghemon*, gotisch *guma*, „Mensch, Mann, Irdischer", heute noch im deutschen „Bräutigam" (Gerhard Koebler, Indogermanisches Wörterbuch, Internet), von der das lateinische Wort *humus*, „fruchtbare Erde", abgeleitet ist. Siehe hierzu auch den Abschnitt „Mann und Frau" in Kapitel 6, Seite 137 ff.

Die mächtigste und destruktivste Form des Chaos[5], die in unserer Welt zügellos überhandnimmt, ist die Gewalt. Wer ist dafür verantwortlich?

Allein wir Menschen sind für die Gewalt und das Chaos auf allen Ebenen verantwortlich. Wie wird unsere Herrschaft aussehen? Eine Herrschaft des Terrors? Oder ein friedvolles Zusammenleben miteinander, mit der Tierwelt, der Natur und der Erde? Wir haben die Fähigkeit, unser Gewaltpotenzial in konstruktive Energien zu verwandeln. *Der Mensch wird wahrhaft menschlich, wenn er sich bemüht, gottesfürchtig zu handeln."*[6]

ZUSAMMENFASSUNG

Genesis 1,1 bis 2,3 lehrt uns: Wir haben sowohl das Vorrecht als auch die Macht, nach den göttlichen Gesetzen eine bessere Welt zu schaffen. Jeder Mensch hat die Verantwortung, die Dualität von Licht und Chaos in sich selbst wahrzunehmen und zu begreifen. Diese Erkenntnis wird uns nicht zunichtemachen, vielmehr wird sie uns ins Gleichgewicht bringen und befähigen, unsere Welt zu verändern. Chaos, Tugend oder Güte in der Welt sind nichts anderes als eine Reflexion unseres inneren Selbst. Unser eigenes Verlangen nach Frieden in uns bewirkt, dass wir auch der Welt Frieden bringen. Wunsch, Verlangen sind Motivation und Motor für Handeln. Die hebräische Schöpfungsgeschichte über eine von Gott erschaffene „gute" Welt ist die höchste Absicht und das endgültige Ziel für die menschliche Familie.

---

[5] Chaos ist nicht an sich schlecht. Ordnungen und Grenzen halten das Chaos in Grenzen. Aber wenn das Chaos Triumphe feiert, zerstört es Leben. Erinnern wir uns, dass die Erde einst ein Chaos war, was bedeutet, dass sie keine sinnvolle Existenz hatte und eine solche auch nicht unterstützen konnte. Zu „Chaos" siehe in Kapitel 6, dort unter „Der Abschluss des sechsten Tags", Seite 143f.

[6] W. Gunther Plaut, *The Torah, a modern commentary*, Seite 11

Glossar

Aramäer, Nachkommen Arams, eines Sohnes Sems (siehe auch: Semiten) und Enkel Noahs.

Hebräer wird als Name für die Israeliten zunächst überwiegend von Außenstehenden und gegenüber Außenstehenden gebraucht. Die Bedeutung ist nicht gesichert. Im AT begegnet man dem Begriff „Hebräer" zunächst als Bezeichnung für Fremdarbeiter allgemein, für die Sklaven in Ägypten, dann für einen bestimmten Teil der Bevölkerung, der außerhalb der kanaanitischen Städte lebte. In nachexilischer Zeit wird „Hebräer" zum Ehrennamen und zur jüdischen Selbstbezeichnung. – Nach der „Völkertafel" in Gen 10 ist „Hebräer" von „Eber", einem Enkel Sems, abgeleitet. Die Hebräer sind seine Nachfahren.

Hebräische Bibel, Bezeichnung für das Alte Testament

Peschitta, Aramäisch für „einfach, wahr, ernsthaft, gerade" bedeutet: das Orginal. Die Peschitta ist ein Kanon von Büchern des ATs und NTs. Sie erhielt diesen Namen, um sie von anderen Überarbeitungen oder Übersetzungen zu unterscheiden, die nach der Spaltung auf dem Konzil von Edessa 431 und Chalcedon 451 n. Chr. in Umlauf kamen. Bis zu diesem Zeitpunkt war sie als autorisierte, allgemein anerkannte Bibel in Gebrauch. Der östliche Peschitta-Text ist der *aramäische Urtext* sowohl des ATs als auch des NTs und *keine* Rückübersetzung aus dem Griechischen ins Aramäische, wie die Wissenschaft bisher angenommen hat. In deutschen Nachschlagewerken wird vermutet, dass im 5. Jh. wahrscheinlich der Bischof von Edessa eine solche Rückübersetzung ins Aramäische vorgenommen hat. Der assyrische Theologe Dr. George Lamsa hat das überzeugend widerlegt.

Die ältesten noch erhaltenen und in Estrangela-Schrift abgefassten Peschitta-Manuskripte werden auf das 5. Jh. n. Chr. datiert. Damit haben sie das gleiche Alter wie die ältesten noch erhaltenen griechischen Manuskripte. Von diesen unterscheidet sich die Peschitta dadurch, dass sie eine in sich vollkommen geschlossene Repräsentantin nahöstlicher Sitten und Bräuche, nahöstlichen Denkens und Fühlens ist und kein einziges Fremdwort enthält. Der arabischsprachige libanesisch-amerikanische Theologe Rihbany, auf den sich Dr. Errico immer wieder bezieht, schreibt in seinem Buch *Jesus aus dem Nahen Osten* (siehe Bibliografie): „Ich meine, einen Brief von zu Hause zu lesen, sooft ich die Bibel öffne."

Eine weitere einzigartige Besonderheit der Peschitta ist, dass die verschiedenen von ihr noch existierenden und aus verschiedenen Jahrhunderten stammenden Handschriften der gleichen Bibelbücher völlig

Glossar

miteinander übereinstimmen. Auch dies trifft für die griechischen Manuskripte nicht zu.

Der Peschitta-Text ist noch heute die autorisierte Bibel der Christen – vom Nahen Osten bis Indien –, obwohl alle, die sie benutzen, Arabisch oder einen südindischen Dialekt sprechen. Die Peschitta-Bibel wird auch von den Katholiken des Nahen Ostens und von Muslimen anerkannt und verehrt.

Die Peschitt<u>a</u> darf nicht mit dem Peschitt<u>o</u>-Text verwechselt werden, der in Serto verfasst ist und bereits sehr früh unter europäischem Einfluss textlich verändert wurde.

In zwanzigjähriger Arbeit übertrug Dr. George M. Lamsa den östlichen Peschitta-Text der Bibel ins Englische (veröffentlicht 1957). Eine ausführlichere Abhandlung über die Peschitta findet sich in der Einführung zu Dr. Lamsas Bibelübersetzung und in seinem Buch *Ursprung des Neuen Testaments* (beide siehe Bibliografie).

Semiten, übliche, aber verfälschende Bezeichnung für Angehörige des orientaliden Menschentypus. Semiten sind eine Gruppe von Völkern mit untereinander verwandten semitischen Sprachen. „Semiten" ist abgeleitet von dem Namen Sem (eigentlich Schem), einem Sohn Noahs. Sem gilt als Stammvater aller Semiten, der Akkadier, Aramäer, Assyrer, Chaldäer, Hebräer und der Araber.

Tanach, in der jüdischen Theologie das Alte Testament bezeichnendes Kunstwort (TNK) aus den Buchstaben T (für *Tora*, das Gesetz, oder aramäisch: die Lehren), N (für Nevim, die Propheten und K (für Ketuvim, die Schriften)

Tora, die fünf Bücher Mose. Herkömmlich mit „Gesetz" übersetzt, ist ihre Bedeutung jedoch weit umfassender: „Lehre, Anleitung". Vor der christlichen Ära wurde das hebräische *tora* ins griechische *nomos*, „Gesetz", übersetzt. Aramäisch Sprechende bevorzugten es, *tora* mit *oraytha*, „Lehre, Erleuchtung" zu übersetzen, wahrscheinlich um die Schwierigkeiten zu vermeiden, die das Wort „Gesetz" beinhaltet.

Bibliografie

Deutsche Ausgaben sind **fett** gedruckt.

Alter, Michael J. *What is the Purpose of Creation? A Jewish Anthology.* Northvale N.J.: Jason Aronson Inc., 1991

Aviezer, Nathan. *In the Beginning: Biblical Creation and Science.* Hoboken, N.J.: KATV Pub. House, Inc., 1990. **Deutsche Ausgabe:** *Am Anfang: Schöpfungsgeschichte und Wissenschaft.* **Frankfurt am Main 2000, Orgler Verlag, ISBN 3-934234-60-7**

Bar-Efrat, Shimon. *Wie die Bibel erzählt. Alttestamentliche Texte als literarische Kunstwerke verstehen.* **Gütersloh 2006**

Batto, Bernard F. *Slaying the Dragon: Mythmaking in the Biblical Tradition.* Louisville, KY: Westminster/John Knox Press, 1992

Berlin, Adele. *The Dynamics of Biblical Parallelism.* Bloomington, Ind.: Indiana Univ. Press, 1985

Blenkinsopp, Joseph. *The Pentateuch: An Introduction to the First Books of the Bible.* New York: Doubleday, 1992

Buber, Martin. *Die chassidischen Bücher.* **Schocken, Berlin 1927**

Carus, Paul. *The History of the Devil and the Idea of the Devil.* LaSalle, IL: Open Court Pub. Co., 1900

Cassuto, Umberto. *A Commentary on the Book of Genesis, Part One: From Adam to Noah.* Translated by Israel Abrahams. Jerusalem: Magnes Press, 1989

Cassuto, Umberto. *The Documentary Hypothesis: Eight Lectures.* Translated by Israel Abrahams. Jerusalem: Magnes Press, 1983

Connor, M. P. O. *Hebrew Verse Structure.* Eisenbrauns, Winona Lake 1980

Davies, Paul. *God and the New Physics.* New York: Simon & Schuster, 1983. **Deutsche Ausgabe:** *Gott und die moderne Physik.* **München 1989, ISBN 3-442-11476-4**

Davies, Paul. *The Mind of God: The Scientific Basis for a Rational World.* New York: Simon & Schuster, 1992

Errico, Rocco A. *The Message of Matthew: An Annotated Parallel Aramaic-English Gospel of Matthew.* Irvine, Calif.: Noohra Pub. 1991

Errico, Rocco A., *Das aramäische Vaterunser: Jesu ursprüngliche Botschaft entschlüsselt.* **Verlag Hans-Jürgen Maurer, Freiburg 2006, ISBN 978-3-929345-16-2**

Bibliografie

Errico, Rocco A., *Es werde Licht: Die sieben Schlüssel zur aramäischen Welt der Bibel*. **2. Auflage, Frankfurt 2011, Verlag Hans-Jürgen Maurer, ISBN 978-3-929345-46-9**

Forrester-Brown, James S. *The Two Creation Stories in Genesis: A Study of their Symbolism.* Berkeley, Calif.: Shambhala, 1974

Fox, Everett. *In the Beginning: A New English Rendition of the Book of Genesis.* New York: Schocken Books, 1983

Freedman, David Noel, Editor-in-Chief. *Anchor Bible Dictionary,* New York: Doubleday, 1992

Freedman, David Noel, Editor-in-Chief. *The Unity of the Hebrew Bible.* Ann Arbor, Mich. Univ. of Michigan Press, 1991

Frymer-Kensky, Tikva. *In the Wake of the Goddesses: Women, Culture and the Biblical Transformation of Pagan Myth.* New York: The Free Press, 1992

Graves, Robert and Patai, Raphael. *Hebrew Myths: The Book of Genesis.* New York: McGraw-Hill Books, 1966

Heisenberg, Werner. *Physics and Beyond.* New York: Harper & Row, 1971. **Deutsche Ausgabe:** *Der Teil und das Ganze. Gespräche im Umkreis der Astrophysik.* **Piper, München 2006**

Heisenberg, Werner. *Physics & Philosophy: The Revolution in Modern Science.* New York: Harper & Row, 1962. **Deutsche Ausgabe:** *Physik und Philosophie.* **Hirzel, Stuttgart 2000**

Heschel, Abraham Joshua. *Man is Not Alone: A Philosophy of Religion.* New York: Noonday Press, 1990

L'Heureux, Conrad E. *Traditions in Transformation: Turning Points in Biblical Faith.* Halpern and Levenson. Eisenbrauns, Winona Lake 1981

Holmes, Ernest S. *Your Invisible Power.* Los Angeles, Calif.: Science of Mind Publications, 1974

Keightley, Alan. *Into Every Life a Little Zen Must Fall: A Christian Looks to Alan Watts and the East.* London: Wisdom Pub., 1986

Knight, Douglas A. and Tucker, Gene M., Editors. *The Hebrew Bible and Its Modern Interpreters.* Chico, Calif.: Scholars Press, 1985

Laqueur, Thomas. *Making Sex: Body and Gender from the Greeks to Freud.* Cambridge, Mass.: Harvard Univ. Press, 1990

Larue, Gerald A. *Ancient Myth and Modem Life.* Long Beach, Calif.: Centerline Press, 1988

Levenson, Jon D. *Creation and the Persistence of Evil: The Jewish Drama of Divine Omnipotence.* San Francisco, Calif.: Harper & Row, 1988

Levenson, Jon D. *Sinai and Zion: An Entry into the Jewish Bible.* San Francisco, CA: Harper & Row, 1985

Halpern, Baruch and Levenson, John D., Editors. *Traditions in Transformation: Turning Points in Biblical Faith.* Winona Lake, IN: Eisenbrauns, 1981

Hitti, Philip K. *The Near East in History: A 5000 Year Story.* Princeton: D. Van Nostrand Co., 1961

Lamsa, George M. *Old Testament Light: A Scriptural Commentary Based on the Aramaic of the Ancient Peshitta Text.* Englewood Cliffs, N.J.: Prentice-Hall, 1964

Lamsa, George M., *The Holy Bible from Ancient Eastern Manuscripts*, Philadelphia, A. J. Holman Co. 1939 und Harper San Francisco, ISBN 978-0-06-064923-4

Lamsa, George M., *Gospel Light*, Philadelphia, A. J. Holman Co. 1939; **Deutsche Ausgabe:** *Die Evangelien in aramäischer Sicht.* **Neuer Johannes Verlag, Lugano 1995, ISBN 978-3-907119-03-7**

Mendel, Arthur P. *Vision and Violence.* Ann Arbor, Mich.: Univ. of Michigan Press, 1992

Mettinger, Tryggve, N.D. *In Search of God: The Meaning and Message of the Everlasting Names.* Translated by Frederick H. Cryer. Philadelphia: Fortress Press, 1988

Niditch, Susan. *Chaos to Cosmos: Studies in Biblical Patterns of Creation.* Chico, Calif.: Scholars Press, 1985

O'Brien, Joan and Major, Wilfred. *In The Beginning: Creation Myths from Ancient Mesopotamia, Israel and Greece.* Chico, Calif.: Scholars Press, 1982

O'Connor, M.P. *Hebrew Verse Structure.* Winona Lake, Ind.: Eisenbrauns, 1980

Oden, Robert A., Jr. *The Bible without Theology: The Theological Tradition and Alternatives to It.* San Francisco: Harper & Row, 1987

Plaut, Gunther W. *The Torah, a modern commentary.* Union of American Hebrew Congregations, New York 1974. **Deutsche Ausgabe: Plaut, Gunther W.** *Die Tora in jüdischer Auslegung. Band 1: Bereschit, Genesis.* **Gütersloher Verlagshaus 2008**

Pritchard, James B. *Ancient Near Eastern Texts relating to the Old Testament,* 2nd ed. with Supplement. Princeton: Univ. Press., 1978

Pritchard, James B. *Ancient Near East: An Anthology of Texts and Pictures,* Princeton University Press, Princeton 2011

von Rad, Gerhard. *Theologie des Alten Testaments.* **Chr. Kaiser Verlag, München 1962**

Radday, Yehuda and Shore, Haim. *Genesis: An Authorship Study.* Rome: Biblical Inst. Press, 1985

Rihbany, A. M. *The Syrian Christ.* Boston: Houghton-Mifflin, 1916. **Deutsche Ausgabe:** *Jesus aus dem Nahen Osten.* **Freiburg 2004, Verlag Hans-Jürgen Maurer, ISBN 978-3-929345-17-X**

Sarna, Nahum M. *Genesis: The JPS Torah Commentary.* New York: Jewish Pub. Society, 1989

Smith, Mark S. *The Early History of God: Yahweh and the Other Deities in Ancient Israel.* New York: Harper-Collins, 1990

Speiser, E.A. *Genesis: A New Translation with Introduction and Commentary.* Garden City, N.Y.: Doubleday, 1964

Sternberg, Meir. *The Poetics of Biblical Narrative: Ideological Literature and the Drama of Reading.* Bloomington, Ind.: Indiana Univ. Press, 1985

Trible, Phyllis. *God and the Rhetoric of Sexuality.* Philadelphia: Fortress Press, 1978

von Franz, Marie-Louise. *Creation Myths: Patterns of Creativity.* Dallas: Spring Pub. 1986

Weber, Max. *Religion und Gesellschaft - Gesammelte Aufsätze zur Religionssoziologie.* Frankfurt am Main 2006, Zweitausendeins, ISBN 978-3-86150-769-7

Westermann, Claus. *Biblischer Kommentar: Genesis 1–11.* Neukirchener Verlag, mehrere Ausgaben, hier: Studienausgabe von 1999

Westermann, Claus. *Genesis 1–11, Erträge [Einführung].* Wissenschaftliche Buchgesellschaft 1993, ISBN 3534052846

Westman, Heinz. *The Structure of Biblical Myths: The Ontogenesis of the Psyche.* Dallas: Spring Pub., 1983

Williams, James G. *The Bible, Violence and the Sacred: Liberation from the Myth of Sanctioned Violence.* San Francisco: Harper & Row, 1991

Wolf, Fred Alan. *Taking the Quantum Leap: The New Physics for Nonscientists.* San Francisco: Harper & Row, 1981. **Deutsche Ausgabe: *Der Quantensprung ist keine Hexerei. Neue Physik für Einsteiger.* Frankfurt 1992, Fischer Taschenbuchverlag, ISBN 35962807154**

Zeitlin, Irving M. *Ancient Judaism.* Oxford: Polity Press, Basil Blackwell, 1984

ÜBER DEN AUTOR

Dr. Rocco A. Errico ist einer der bedeutendsten Aramäisch-Gelehrten unserer Zeit. Sein Spezialgebiet ist die Auslegung der Bibel vor dem Hintergrund der semitischen Kultur und aramäischen Sprache. In über 40 Jahren Forschung wurde er zum Experten für Brauchtum, Sprichwörter und Redensarten, für Symbolik, Psychologie und Philosophie der semitischen Völker.

Dr. Rocco Errico ist Gründer und Präsident der *Noohra Foundation*, USA (*Noohra*, vom aramäischen Wort für „Licht": *nuchra*). Die *Noohra Foundation* ist eine gemeinnützige, nicht-konfessionelle, spirituelle Bildungsorganisation für aramäische Bibelstudien, aramäische Forschung und daraus resultierende Veröffentlichungen.

Schon als Kind fühlte Rocco Errico seine Berufung zum Geistlichen. Bereits als Sechzehnjähriger begann er zu predigen. Nach seiner Ordination stand er 34 Jahre lang eigenen Gemeinden vor.

Als er Anfang der 1960er-Jahre Dr. George M. Lamsa, den weltberühmten assyrischen Bibelübersetzer, kennenlernte, war das für ihn mehr als eine glückliche Fügung. 1964 wurde er sein Schüler und studierte zehn Jahre lang intensiv bei ihm die aramäische Sprache, die nahöstliche Kultur und den nahöstlichen Zugang zur Bibel.

Dr. Lamsa wurde Ende des 19. Jahrhunderts in den Bergen des heutigen Nord-Iraks in ein christliches Nomadenvolk geboren, das sich noch die Sitten, Bräuche und das galiläische Aramäisch

Über den Autor

der Zeit Jesu bewahrt hatte. In zwanzigjähriger Arbeit übersetzte er aus aramäischen Manuskripten die Heilige Schrift ins Englische (1957) und erhielt dafür weltweit Anerkennung.

Rocco Errico trägt Doktortitel in Theologie und Philosophie. Das amerikanische Bistum der Kirche des Ostens verlieh ihm den Ehrentitel „Erster Exeget" (*Malpana d'miltha d'lahu*).

Rocco Errico spricht fließend Spanisch und übersetzte drei seiner Bücher ins Spanische.

Heute lehrt Dr. Rocco Errico an Schulen für Geistliche der verschiedensten Konfessionen. Er schreibt regelmäßig Artikel für religiöse Zeitschriften und war als Redakteur und Journalist für die Zeitschrift *Light for All* tätig. Durch zahlreiche Vorträge, öffentliche Seminare, Radio- und Fernsehauftritte ist er in ganz Amerika bekannt. Seine Vortragsreisen führten ihn auch nach England, Irland und Deutschland.

Rocco Errico lebt in Atlanta/Georgia, USA. Er hat drei erwachsene Kinder. Wenn er keine Vortragsreisen unternimmt, schreibt er Bücher und bildet Geistliche aus.

Weitere Informationen auf

www.verlaghjmaurer.de

und auf

www.noohra.com

Weitere Bücher des Autors

Das aramäische Vaterunser

132 Seiten, Paperback, 12,90 Euro
ISBN 978-3-929345-16-2

In der korrekten aramäischen Aussprache

Hörbuch-CD:
Das aramäische Vaterunser

ISBN 978-3-929345-26-1
Deutsch und Englisch. 50 Minuten, 16,90 Euro

Es werde Licht

269 Seiten, Paperback, 18,90 Euro
ISBN 978-3-929345-46-9

Weitere Informationen auf www.verlaghjmaurer.de